CHANSONS

ET

POÉSIES DIVERSES

IMPRIMERIE ET FONDERIE DE J. PINARD,
RUE D'ANJOU-DAUPHINE, N° 8.

M. A. DESAUGIERS

Le Sexagénaire,

chanson philosophique

---

air : Du bon Dieu. – Le Pierrot, père de famille

(Nº 1959, de la clé du Caveau)

Vieillissons sans regret ;
C'est l'adage
Du vrai sage.
Du bonheur, à tout âge,
Voilà le secret.

La jeunesse a des charmes
Mais les rudes tourments
Aux plaisirs des amants
Mêlent toujours quelques larmes...
Vieillissons sans regret &c.

L'hiver est quelque chose,
Plaisir ou bien des douceurs,
Mais dans un champ de fleurs,
Chers amis, tout n'est pas rose.
Vieillissons sans regret &c.

Quand le printemps nous laisse,
Rions de son départ.
La gaîté du vieillard
est le sacre de la jeunesse.
Vieillissons sans regret &c.

Désaugiers

CHANSONS

ET

POÉSIES DIVERSES

PAR M. A. DÉSAUGIERS.

TOME PREMIER.

SIXIÈME ÉDITION,

CONSIDÉRABLEMENT AUGMENTÉE.

A PARIS,

CHEZ LADVOCAT,

LIBRAIRE DE S. A. R. LE DUC DE CHARTRES,

QUAI VOLTAIRE ET PALAIS-ROYAL.

M DCCC XXVII

ÉPITRE DÉDICATOIRE

A M. LAUJON,

Membre de l'Académie française, et président du Caveau Moderne.

Favori de Momus, doyen des Troubadours,
Toi qui chantas si bien le vin et les amours,
Poëte aimé des Dieux, peintre de la nature,
Vois d'un œil indulgent ces vers nés sans culture,
Et prête à leur faiblesse un généreux secours.
Qu'un autre, dans l'espoir d'un glorieux salaire,
Jusques au pied du trône apporte ses essais :
J'abandonne au génie un si brillant succès ;
Mais la chanson ne veut pour appui que son père.
Laujon, comble l'espoir qui flatte mon orgueil ;
Daigne accueillir ces fruits d'une timide veine.
Eh ! comment, appuyés d'un semblable Mécène,
Mes vers n'auraient-ils pas un favorable accueil ?

Interprète galant des Muses et des Grâces,
Tu parus; la chanson prit un nouvel essor:
Tu célébras l'Amour, il vola sur tes traces;
Tu chantas le Plaisir, il te couronne encor.
Digne héritier du luth de l'amoureux Tibulle,
Tu marches son égal sur le sacré vallon;
Et du joyeux Panard inimitable émule,
Lorsque le Tems hâtait sa dernière saison,
Pour le rendre à nos vœux, un ordre d'Apollon
Maria ton aurore avec son crépuscule.

DIALOGUE

DÉDICATOIRE.

L'AUTEUR.

Où courez-vous, mes vers, et quelle est votre audace?
Au temple de Thémis oser vous présenter!
Croyez-vous qu'au palais on daigne vous chanter,
Lorsque personne encor ne vous chante au Parnasse?

LES CHANSONS.

Nous allons frapper aujourd'hui,
Non chez l'homme d'État, mais chez l'homme du monde;
Celui sur qui tout notre espoir se fonde,
Des arts comme des lois est l'organe et l'appui.

L'AUTEUR.

Il protége les arts utiles,
Et dédaigne ces jeux futiles,
Ephémères enfans d'un frivole loisir.

LES CHANSONS.

Il sait, aimable autant que juste,
Aux soins d'un ministère auguste,
Entremêler parfois les roses du plaisir.

L'AUTEUR.

Vous flatteriez-vous de lui plaire
Avec d'aussi faibles accens?

LES CHANSONS.

Non, mais quand on aime le père,
On accueille bien les enfans.

L'AUTEUR.

Vous oubliez qu'il tient cette balance
Dont le fatal ou consolant arrêt
Punit toujours ou récompense
Le bien ou le mal qu'on a fait.

LES CHANSONS.

Ah! bon Dieu! sur quel ton notre père déclame!
A peine à ces grands mots nous te reconnaissons...
Tu parles comme un mélodrame.

L'AUTEUR.

Vous pensez comme des chansons.

LES CHANSONS.

C'est toi qui nous apprit à rire;
Et si, par cette gaîté-là,
Du juge bienfaisant qui bientôt nous lira,
Nous pouvions un instant exciter le sourire...

L'AUTEUR.

Législateur, il vous dédaignera,
Ou poète il vous raillera.

LES CHANSONS.

Tu crois?.... Eh bien, tâchons de le surprendre à table;
Au dessert... oui, c'est l'instant favorable.
Ensuite, papillons légers,
Voltigeons en riant sur son front vénérable,
Ecartons-en les soucis passagers;
Et si dans l'ivresse bruyante
Du fol essaim de tes chansons,
Nous entendons de sa bouche riante
De l'un de nos refrains s'échapper quelques sons,
« Mon père, le Destin comble notre espérance, »
Te dirons-nous, vers toi poussant un joyeux cri:
« Minerve pour la lyre a déposé sa lance,
Et Thémis a souri. »

L'AUTEUR.

Vous me persuadez; tous mes sens s'abandonnent
Aux charmes de l'espoir que vous me présentez...
Mais qu'entends-je? cinq heures sonnent:
Le banquet va s'ouvrir; partez.
Cette balance, hélas! qu'à bon droit je redoute,
Vous sera funeste, sans doute,
Si dans tout son pouvoir l'équité la maintient;

Mais du bonheur vous atteindrez le faîte,
Et pour jamais votre fortune est faite,
Si c'est l'amitié qui la tient.

PRÉFACE.

La plaisante chose qu'une Préface à la tête d'un Recueil de Chansons! Que ferait-on de plus pour fixer l'attention publique sur un ouvrage consacré à polir l'esprit, former le cœur ou agrandir l'ame? Il me semble traverser un immense péristyle pour arriver à la chétive cabane d'un berger. Ne vaudrait-il pas cent fois mieux promettre peu et tenir beaucoup? — D'accord, messieurs de la critique; mais si je veux plus promettre que tenir!... Que diable! chacun a sa manière d'attraper son monde : j'ai remarqué que la modestie est un mauvais moyen de réussir ; dites que vous ne valez rien, le public va vous prendre au mot ; et désirant que mes chansons se répandissent, j'ai eu la faiblesse de croire que j'amorcerais plus facilement les amateurs en leur donnant une bonne idée de mon recueil, qu'en les prévenant sur ses défauts. — Mais comment osez-vous vous hasarder encore dans un champ où les Panard, les Collé, les Piron et tant d'autres ont moissonné avant vous? — Eh ! messieurs, comment a-t-on osé prendre la plume après Racine et Molière, le pinceau après Raphaël et Michel-Ange, le ciseau après Phidias et Praxitèle, etc., etc., etc.? D'ailleurs, quel est mon but en publiant ces bagatelles? de distraire un moment, par quelques images riantes, l'esprit toujours préoccupé de l'homme en place, de réveiller, par de piquans souvenirs, l'imagination appesantie du vieillard, et d'exciter enfin, par la gaîté de mes tableaux, le cœur d'un sexe charmant à cet abandon délicieux qui embellit la laideur même et divinise la beauté. Accourez donc, ô mes vers, enfans vagabonds d'une muse badine; réunissez-vous tous à la voix d'un père qui vous chérit, et qui veut aujourd'hui, d'un seul coup d'œil, embrasser toute sa famille. Par une bizarrerie assez commune en poésie, les aînés de mes fils sont les plus faibles; hé bien! que les derniers venus leur prêtent un appui fraternel, et, soutenus ainsi l'un par l'autre, lancez-vous joyeusement dans le monde. Et toi, ô Gaîté, toi qui nous offres un port assuré contre tous les orages de la vie, ne refuse pas aux enfans le secours protecteur que tu daignas accorder au père dans des circonstances dont le souvenir, quoique pénible, a des charmes pour moi, par le tribut de reconnaissance qu'il m'impose! — Peste, voilà une apostrophe bien sentimentale, et que nous n'attendions guère à la tête d'un pareil ouvrage. — Soit, messieurs; mais permettez-moi de payer à la Gaîté, ma généreuse libératrice, un hommage que l'ingratitude la plus noire pourrait seule lui refuser; daignez m'entendre, et vous allez juger. C'est elle qui, me tendant une main secourable sous un autre hémisphère, adoucit pour moi les périls et les horreurs d'une guerre dont l'histoire n'offrira jamais d'exemple *; c'est elle qui me consola dans les fers où me retenait la férocité d'une caste sauvage; c'est elle enfin qui, m'environnant de tous les prestiges de l'Illusion, me fit envisager d'un œil calme le moment où, pris les armes à la main par ces cannibales, condamné par un conseil de guerre, agenouillé devant mes juges, les yeux couverts d'un bandeau qui semblait me présager la nuit où j'allais descendre, j'attendais le coup fatal...... auquel j'échappai par miracle, ou plutôt par la protection d'un Dieu qui n'a cessé de veiller sur moi pendant le cours de cette horrible guerre. Une maladie cruelle fit

* L'auteur a été témoin de l'insurrection générale des Nègres à Saint-Domingue, et victime, à l'existence près, de tous les désastres qui en ont été la suite.

bientôt renaître pour moi de nouveaux dangers : ce n'était pas assez d'avoir été condamné par mes juges, je le fus par les médecins. J'allais périr.... quand la Gaîté, mon inséparable compagne, soulevant d'une main le voile de l'avenir, me montra de l'autre le beau ciel de ma patrie, où le bonheur semblait m'appeler : Momus me souriait au bruit des grelots ; Bacchus agitait à mes yeux le myrte et le pampre, un jeune enfant semblait m'inviter à me joindre à lui par son regard malin et les pas légers qu'il formait au son d'une flute et d'un tambourin ; Thalie elle-même me présentait son masque riant.... Je n'y résistai pas ; plus enivré du bien à venir qu'affecté du mal présent, j'opposai l'arme de l'espérance aux traits aigus de la douleur, les transports d'une joie anticipée au délire d'une fièvre brûlante, et, confiant mes destinées à Neptune, je voguai vers la France, que commençait à éclairer un plus bel horizon; et la Gaîté, devançant notre vol rapide, me conduisit enfin à ce port tant désiré, où une nouvelle existence me fit bientôt oublier cinq ans de périls et de malheurs.

Voilà, messieurs, voilà les titres de cet ange tutélaire à ma reconnaissance; et dites s'il peut jamais avoir un ami plus constant, un apôtre plus dévoué que l'homme qui lui doit le bonheur et la vie! Mais c'était peu d'avoir oublié mes anciens revers; inspiré par ma fidèle consolatrice, je voulus chanter mes nouveaux plaisirs; la Chanson, séduisante fille de la Gaîté, vint conduire ma plume;

mille sujets sourirent à mon imagination; les rimes s'arrangèrent bien ou mal sous mes doigts ; elles finirent par former ce volume, aussi léger par la forme que par le fond : l'offrir au public, c'est m'exposer sans doute, mais....

Si j'eus la double maladresse
D'écrire ce Recueil et de le publier,
Un mot va me justifier :
« Quel homme est sans défaut, quel auteur sans faiblesse? »
L'arrêt qu'on va lancer ne me fait point frémir;
Et quand déjà la critique s'éveille,
Ma vanité, loin d'en gémir,
Vient tout bas me dire à l'oreille :
Il vaut mieux l'éveiller encor que l'endormir.

CHANSONS

ET

Poésies Diverses.

TABLEAU DU JOUR DE L'AN.

AIR : V'là c'que c'est qu' d'aller au bois.

DEPUIS que pour nous le jour luit,
Un an succède à l'an qui fuit ;
Traçons d'une époque aussi belle,
Aussi solennelle,
L'image fidèle,
Et qu'on s'écrie en la voyant :
V'là c'que c'est que l'jour de l'An.

Le soleil à peine a brillé,
Que tout Paris est éveillé :
A chaque étage on carillonne,
    On reçoit, on donne,
    On sort, on ressonne ;
Chacun va, vient, monte et descend..
V'là c'que c'est que l'jour de l'An.

Au lever de ce jour chéri,
Lolotte, qui n'a pas dormi,
Accourt recevoir la première
    Six francs de son père,
    Un dé de sa mère,
Un psautier de sa grand'maman....
V'là c'que c'est que l'jour de l'An.

A sa Chloris, de grand matin,
Le banquier apporte un écrin ;
Moins riche, mais aussi fidèle,
    Pour faire à sa belle
    Un don digne d'elle,
L'employé met sa montre en plan...
V'là c'que c'est que l'jour de l'An.

Nous allons voir certains amis
Quand nous savons qu'ils sont sortis ;

Chez le concierge on se présente.
— Madame est absente. —
Nouvelle accablante!
On s'inscrit, on s'en va content...
V'là c'que c'est que l'jour de l'An.

Parens brouillés, gens refroidis
Semblent redevenir amis :
Pour quelques livres mesurées
D'amandes sucrées,
Quelquefois plâtrées,
On plâtre un raccommodement...
V'là c'que c'est que l'jour de l'An

Voyez-vous cet homme de bien,
Marchandant tout, n'achetant rien?
Il tourne, il retourne, il approche,
Flaire chaque poche,
Accroche ou décroche,
Puis va plus loin en faire autant...
V'là c'que c'est que l'jour de l'An.

Chaque neveu vient visiter
L'oncle dont il doit hériter;
Tous voudraient qu'il vécût sans cesse,
Mais sur sa richesse

Réglant leur tendresse,
Ils l'étouffent en l'embrassant....
V'là c'que c'est que l'jour de l'An.

Le tendre amant fort peu jaloux
De se ruiner en bijoux,
Dès Noël néglige sa belle,
Lui cherche querelle
Pour s'éloigner d'elle;
En février il la reprend...
V'là c'que c'est que l'jour de l'An.

Bref, après force complimens,
Force souhaits, force présens,
Chacun regagne sa demeure,
Puis au bout d'une heure
Fort souvent on pleure
Ses vœux, ses pas et son argent...
V'là c'que c'est que l'jour de l'An.

CHANSON A MANGER.

Air : Aussitôt que la lumière.

Aussitôt que la lumière
Vient éclairer mon chevet,
Je commence ma carrière
Par visiter mon buffet;
A chaque mets que je touche
Je me crois l'égal des dieux,
Et ceux qu'épargne ma bouche
Sont dévorés par mes yeux.

Boire est un plaisir trop fade
Pour l'ami de la gaîté;
On boit lorsqu'on est malade,
On mange en bonne santé.
Quand mon délire m'entraîne,
Je me peins la Volupté
Assise, la bouche pleine,
Sur les débris d'un pâté.

A quatre heures, lorsque j'entre
Chez le traiteur du quartier,
Je veux toujours que mon ventre
Se présente le premier.
Un jour les mets qu'on m'apporte
Sauront si bien l'arrondir,
Qu'à moins d'élargir la porte,
Je ne pourrai plus sortir.

Un cuisinier, quand je dîne,
Me semble un être divin,
Qui, du fond de sa cuisine,
Gouverne le genre humain :
Qu'ici-bas on le contemple
Comme un ministre du ciel,
Car sa cuisine est un temple
Dont les fourneaux sont l'autel !

Mais sans plus de commentaires,
Amis, ne savons-nous pas
Que les noces de nos pères
Finirent par un repas?
Qu'on vit une nuit profonde
Bientôt les envelopper;
Et que nous vînmes au monde
A la suite du souper?

Je veux que la mort me frappe
Au milieu d'un grand repas,
Qu'on m'enterre sous la nappe,
Entre quatre larges plats...
Et que sur ma tombe on mette
Cette courte inscription :
CI-GÎT LE PREMIER POÈTE
MORT D'UNE INDIGESTION.

LA NEIGE.

Air : Dans la paix et l'innocence.

Vous, dont la muse hardie
Me bat tous les vingt du mois, [1]
Aujourd'hui je vous défie,
Tremblez enfin à ma voix !
Mais que vois-je ! au mot de *neige*
Déjà vous frissonnez tous...
Ventrebleu ! levez le siége,
Ou je vais fondre sur vous.

Ma neige, en bloc arrondie,
Sur vous tous pleuvra si bien,
Que votre main engourdie
De six mois n'écrira rien.
Ce combat à coups de neige
Peut m'être encor familier,

[1] Jours fixés pour les dîners du Caveau Moderne.

Puisqu'ici, comme au collége,
Je ne suis qu'un écolier.

La neige à certain théâtre
Joue un rôle intéressant :
Arbres, toits, tout est d'albâtre...
Quel coup d'œil éblouissant !
On y transit, on y gèle ;
Et, pour comble de succès,
Tout finit par une grêle...
Une grêle de sifflets.

Mais vive cette fillette
Qui, fuyant fort à propos,
Dans une neige indiscrète,
Perdit un de ses sabots ! [1]
A son amoureux manége
Le public sourit long-tems,
Et tant que tomba la neige
On vit le ciel au beau tems.

Du sol brûlant d'Italie,
Des flots bouillonnans du Nil,

[1] *La Soirée et la Veillée villageoise*, pièce de MM. Piis et Barré.

Les Français pour leur patrie
Ont affronté le péril.
Aux confins de la Norwége
Suivez ces mêmes guerriers ;
Sous leurs pas un champ de neige
Devient un champ de lauriers.

O toi, par qui la peinture
Voit son domaine agrandi,
Toi, Vanloo, de la nature
Et rival et favori,
Par ton heureux privilége
Nous voyons, peintre brillant,
Sous les glaces de ta neige
Briller le feu du talent.

Hélas! mes amis, que n'ai-je
Des pinceaux plus éloquens
Pour vous peindre une autre neige
Qui ne brille qu'au printemps !
Au corset de ma maîtresse
Soir et matin je la vois,
Et jamais, quand je la presse,
Elle ne fond sous mes doigts.

Quoi ! devant une bouteille,

Sur la neige huit couplets !
Pardonne, ô dieu de la treille,
A l'affront que je te fais.
J'expîrai ce sacrilége
En sablant un verre plein.
Fuyez, vils flocons de neige,
Devant ce flacon de vin !

LA CHEMINÉE.

Air du Verre.

Je voulais peindre la saison
Dont les frileux déjà frémissent,
Et, prêt à tracer ma chanson,
Voilà mes doigts qui s'engourdissent;
Mais puisqu'en vertu de nos lois
Elle ne peut être ajournée,
Pour faire mes couplets moins froids,
Faisons-les sur la cheminée.

La cheminée offre aux gourmands
Les trésors futurs de leur table,
Aux veillards un doux passe-tems,
Aux Grâces un miroir aimable;
L'Amant y voit du rendez-vous
Approcher l'heure fortunée;
Près de leurs belles que d'époux
Géleraient sans leur cheminée!

Si contre l'horreur des glaçons
Elle soutient notre faiblesse,
Dans la plus belle des saisons
Elle sert aussi la tendresse :
Sur le point d'être rencontrés
Par l'époux de leur dulcinée,
Que d'amans par la porte entrés,
Sont sortis par la cheminée !

Où met-on un billet d'ami?
Au miroir de la cheminée.
Où se place un portrait chéri?
A côté de la cheminée.
Où pleure-t-on un tendre époux?
C'est au coin de la cheminée.
Où s'en console-t-on chez nous?
Quelquefois sous la cheminée.

Rien n'est plus beau que le soleil;
C'est lui qui féconde la terre;
De ses feux l'éclat sans pareil
Embellit la nature entière;
Il dore depuis nos côteaux
Jusqu'au sommet des Pyrénées:
Mais pour dorer nos aloyaux
Il ne vaut pas nos cheminées.

Hortense avait depuis long-tems
Une cheminée assez noire ;
Un beau jour, de peur d'accidens,
On manda le jeune Grégoire :
Je ne sais comme il s'en tira ;
Mais, quoiqu'il l'eût bien ramonée,
Tous les soirs, depuis ce jour-là,
Le feu prend à la cheminée.

Sur ce mot enfin j'ai conçu
Ces couplets, forts mauvais peut-être ;
Libre à vous, s'ils vous ont déplu,
De les jeter par la fenêtre ;
Mais n'allez pas brûler ce soir
Ma chanson à peine entonnée :
Un gourmand n'aime pas à voir
Le feu prendre à sa cheminée.

MA PETITE REVUE.

AIR : Ah ! voilà la vie.

De dame Nature
Amant assidu,
J'ose en miniature,
Pour payer mon dû [1],
Vous tracer la vie
La vie
Suivie,
Vous tracer la vie
De chaque individu.

Dans un mélodrame,
Tuer sans fureur,
Larmoyer sans ame,
Brûler sans chaleur :

[1] La chanson que chaque convive apporte tous les mois au dîner du Caveau.

Voilà la manière
De plaire, (*bis*)
Dont, pour l'ordinaire,
Use plus d'un auteur.

Changer à son aise
Dièse en bémol,
Bécarre en dièse,
Fa-dièse en sol :
Voilà comme chante,
Enchante, (*bis*)
Maint fat dont on vante
La voix de rossignol.

Parler par saccade,
Faire avec vigueur
Ronfler la tirade
Et le spectateur ;
C'est l'art que professe
Sans cesse (*bis*)
Dans plus d'une pièce
Plus d'un célèbre acteur.

Enterrer son homme,
Toucher son argent ;

Le soir, rire comme
S'il était vivant ;
Voilà la méthode
Commode (*bis*)
Qu'a mise à la mode
Maint docteur fort savant.

En mauvaise prose
Défendre un méchant,
Et gagner sa cause...
On sait bien comment ;
Voilà le commerce
Qu'exerce (*bis*)
Dans la controverse
Plus d'un esprit normand.

Sur sa joue empreinte
Garder deux soufflets,
Et porter sa plainte
Au juge de paix ;
Voilà le courage
Fort sage (*bis*)
De maint personnage
Prôné pour ses hauts faits.

Le jour, inhumaine,
Jeter les hauts cris ;

La nuit, tendre Hélène,
Céder à Pâris :
Voilà comme fille
Gentille (*bis*)
De fil en aiguille
Se conduit à Paris.

Se dire novice,
Serrer son corset,
Flatter la nourrice
Qui tient le secret...
De fillette instruite
Trop vite (*bis*)
Voilà la conduite
Pour trouver un benêt.

Vivre d'espérance,
Tromper le chagrin;
Rêver l'opulence,
Et mourir de faim :
Joueurs, que la veine
Entraîne, (*bis*)
Voilà votre peine
Et votre juste fin.

Si cet opuscule
Sent un peu l'aigreur,

Lève ta férule
Et frappe, censeur;
Puisque c'est l'usage,
Courage! (*bis*)
Déchire l'ouvrage,
Mais épargne l'auteur.

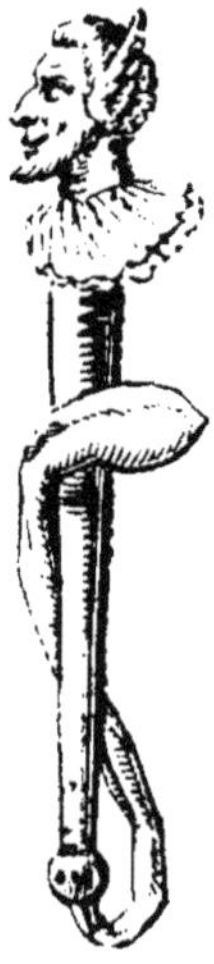

LE NOUVEAU MONDE

AIR : J'ai vu partout dans mes voyages.

En vices notre globe abonde :
Moi, pour en terminer le cours,
Je viens de faire un nouveau monde,
Qui ne m'a coûté que dix jours.
Je sais que, par fanfaronnade,
En sept jours le nôtre fut fait :
Que n'y mettait-on la décade,
Il eût été meilleur qu'il n'est.

J'aime beaucoup les formes rondes ;
Elles nous offrent tant d'appas !
Mais je pense qu'en fait de monde,
Cette rondeur ne convient pas :
Ne nous étonnons pas des chutes
Qu'ici-bas on voit tous les jours ;
Il faut bien s'attendre aux culbutes
Dans un lieu qui tourne toujours.

Je veux que le soleil n'éclaire
Que les talens et les vertus ;
Je ne fais gronder le tonnerre
Que sur les hommes corrompus ;
Et si dans la fange du crime
Le malheureux veut se plonger,
Un éclair au bord de l'abîme
Viendra l'avertir du danger.

De tout animal nécessaire
Je veux que l'homme prenne soin,
Et je débarrasse la terre
De ceux dont il n'a pas besoin :
Les insectes ne font que nuire,
Mais j'aurais trop à m'occuper
Si j'entreprenais de détruire
Tous les êtres qu'on voit ramper.

Je donne à l'usurier plus d'âme,
Et plus de tête à l'étourdi ;
Un peu moins de langue à la femme,
Un peu plus de nez au mari ;
Moins de front à nos empiriques,
Moins d'oreilles aux curieux,
Moins de fiel aux gens satiriques
Et moins de dents aux envieux.

Pour faire un léger badinage
Si j'ai remué terre et ciel,
J'ai du moins le rare avantage
De m'être fait père éternel;
Je ne crains pas que l'on me fronde;
Et voulez-vous savoir pourquoi?
C'est qu'étant le père du monde,
J'aurai tout le monde pour moi.

CHANSON BACHIQUE.

Air : Ainsi jadis un grand prophète.

Puisque sans boire on ne peut vivre,
Célébrons ce nectar parfait !
Mais permettez que je m'enivre
Pour me remplir de mon sujet.
Étourdi du jus de la tonne,
Je puis ne dire rien de bon ;
Mais du moins si je déraisonne,
Ce ne sera pas sans raison.

D'Anacréon et d'Épicure
Suivons le précepte charmant :
Amis, tout boit dans la nature,
Les enfans boivent en naissant,
L'homme boit dans la maladie,
Il boit quand il est bien portant ;
De boire enfin telle est l'envie,
Que l'on boit même en se noyant.

On dit qu'on chancelle à trop boire,
Que la chute suit le faux pas;
Mais on voit, vous pouvez m'en croire,
Tout le contraire en certains cas,
Car, lorsque le public écoute
Les pièces dont nous l'assommons,
Lui seul est bientôt soûl sans doute,
Et c'est pourtant nous qui tombons

Juliet [1], que n'ai-je ton adresse
Pour représenter les buveurs!
A nos yeux quand tu peins l'ivresse,
Tu la fais passer dans nos cœurs.
Dans ton délire, combien j'aime
Les heureux faux pas que tu fais!
Ah! chancelle toujours de même,
Et tu ne tomberas jamais.

[1] Acteur de l'Opéra-Comique. C'est lui qui jouait d'une manière si vraie et si enivrante le rôle de Grégoire dans *les Visitandines*

LA PLUME.

AIR : Restez, restez, troupe jolie.

QUAND la plume avec élégance
Ombrage le front de Mirthé,
Sa blancheur nous peint l'innocence;
Sa mollesse, la volupté.
Chaque jour la beauté pour plaire
Emprunte son pouvoir vainqueur;
Mais souvent, hélas! trop légère,
La plume est l'emblème du cœur.

Brûlant du feu qui me consume,
Belle Chloé, plus d'une fois,
Tu m'as su prouver que la plume
Se prête à de plus doux emplois.
Le soir où ta bouche muette
Laissa pour moi parler ton cœur,
Cette plume, souple et discrète,
Fut le trône de mon bonheur.

À la plume de Philomèle
Delille a dû tout son éclat ;
L'Amour détacha de son aile
Celle qui fait aimer Dorat ;
C'est l'aigle qui prêta la plume
Qui nous a tracé Mahomet ;
Et l'auteur de plus d'un volume
A pris sa plume au perroquet.

Virgile d'un nouveau costume
Par ta plume fut revêtu ;
Mais, Scarron, pourquoi sous la plume
Toi-même te déguisas-tu ?
Ta plume, qui nous fit tant rire,
Ton nom nous dit de la chérir,
Et ton nom nous dit de maudire
Celle qui te fit tant souffrir [1].

Tel jadis dormait sur l'enclume,
Mourant de froid, mourant de faim,
Qui dort aujourd'hui sur la plume,
Ivre d'orgueil, ivre de vin.

[1] On sait que le feu ayant pris, dans le carnaval, à un costume en plumes sous lequel Scarron s'était déguisé, il fut estropié et souffrant le reste de ses jours.

D'où viennent ces chances nouvelles?
C'est que des voleurs.... renommés
Joignent aux plumes de leurs ailes
Celles des gens qu'ils ont plumés.

Sexe charmant, à qui la plume
Doit et sa grâce et son éclat,
Daigne recevoir de ma plume
L'hommage pur et délicat.
Si mes sept couplets sur la plume
Ont pu te prévenir pour moi,
Ah! puissé-je un jour sur la plume
Faire davantage pour toi!

MORALITÉ.

Air du Bouffe et du Tailleur.

Enfans de la folie,
Chantons ;
Sur les maux de la vie
Glissons ;
Plaisir jamais ne coûte
De pleurs ;
Il sème notre route
De fleurs.

Oui, portons son délire
Partout...
Le bonheur est de rire
De tout ;
Pour être aimé des belles,
Aimons ;
Un beau jour changent-elles ?
Changeons.

Déjà l'hiver de l'âge
Accourt ;
Profitons d'un passage
Si court ;
L'avenir peut-il être
Certain ?
Nous finirons peut-être
Demain.

HYMNE A LA GAITÉ.

AIR : *Fuyant et la ville et la cour* (de *M. Guillaume*).

QUAND des amours et des plaisirs
L'essaim brillant nous environne,
A la Gaîté, dans nos loisirs,
Amis, tressons une couronne.
Ce devoir, si cher à nos cœurs,
Nous ne pouvons le méconnaître ;
Comment lui refuser des fleurs,
Quand sous nos pas elle en fait naître ? } *bis.*

De l'amour avec nos beaux ans
L'illusion nous est ravie,
Mais la Gaîté change en printems
L'hiver même de notre vie ;
Elle adoucit tous nos regrets
Par les plus riantes images ;
Elle est enfin par ses bienfaits
La volupté de tous les âges.

L'homme que soutient la Gaîté
Se rit du coup qui le menace ;
C'est d'elle aussi que la beauté
Tient son coloris et sa grâce.
De la Gaîté le doux attrait
Embellit jusqu'à la sagesse ;
De l'enfance elle est le hochet,
Et le bâton de la vieillesse.

Il n'est donné qu'à la vertu
D'éprouver son heureux délire ;
Lorsque le cœur est corrompu,
La bouche peut-elle sourire ?
Cette aimable sérénité
De l'innocence est la parure ;
Une belle ame sans gaîté,
Serait un printems sans verdure.

O Gaîté, doux charme des cœurs,
A mon bonheur toi qui présides,
Puisse un jour ta main sous les fleurs
De mon front me cacher les rides !
Brillante des mêmes appas
Qui me charmaient à mon aurore,
Laisse-moi mourir dans tes bras,
Et je me croirai jeune encore.

LA HALLE.

Air du vaudeville de Jean Monnet, *ou* Frère Jean à la cuisine.

Je sais qu'au seul mot de halle
Nos aimables du bon ton
Vont tous crier au scandale.....
Je ris du qu'en dira-t-on ;
Et guidé,
Secondé
Par mon sujet qui m'inspire,
Je n'ai qu'un mot à leur dire :
La halle inspira Vadé.

Si Lucullus, qu'on dit être
Des Romains le plus gourmand,
Jadis avait pu connaître
Ce superbe monument,

Chers amis,
Je prédis
Qu'il eût troqué, ce brave homme
Le Capitole de Rome
Pour la halle de Paris.

Bœuf, lapin, canard sauvage,
Maquereau, macaroni,
Saucisson, merlan, fromage,
Tout s'y trouve réuni;
Et le né,
Etonné
Du parfum qui s'en exhale,
En s'éloignant de la halle,
Croit avoir dix fois dîné.

Si par un nouveau déluge
Le monde était submergé,
Permets, ô souverain juge,
Que ce lieu soit protégé!
Tu prétends
Des méchans
Punir la race infernale;
Mais le quartier de la Halle
Est celui des *Innocens*.

Voyez l'anguille vivante
Frétiller dans ce baquet ;
Quelle chère succulente
Elle promet au gourmet !
Traiter l'eau
De fléau
Est une erreur des plus sottes,
Aurions-nous des matelottes,
Si nous n'avions pas de l'eau?

Bref, viande fraîche ou salée,
OEufs, lard, pois, pain, vin, choux-fleurs,
Tout se prend dans la mêlée ;
Et chacun des acheteurs,
Du repas
A grands pas
Sentant que l'instant approche,
Court, l'un son veau dans sa poche,
L'autre son bœuf sous le bras.

Fourneaux, pétillez bien vite ;
Rôtisseurs, chauffez vos fours ;
Dressez-vous, chaudron, marmite ;
Et toi, broche, mes amours,
Viens du cours

De mes jours
Nourrir la gaîté féconde ;
Et tourne comme ce monde,
Qui, dit-on, tourne toujours.

LE PALAIS-ROYAL.

AIR de la Sauteuse.

Du Palais-Royal
Comme je peindrais bien l'image,
Si de Juvénal
J'avais le trait original!
Mais tant bien que mal,
Muse, entamons ce grand ouvrage...
Quel homme, au total,
Mieux que moi connaît le local?
Entrepôt central
De tous les objets en usage;
Jardin sans rival,
Qui du goût est le tribunal...
L'homme matinal
Peut, à raison d'un liard la page,
De chaque journal
S'y donner le petit régal.

D'un air virginal,
Une belle au gentil corsage
Vous mène à son bal,
Nommé *Panorama moral*....
Sortant de ce bal,
Si de l'or vous avez la rage,
Un rateau fatal
Sous vos yeux roule ce métal;
Et par ce canal
L'homme de tout rang, de tout âge,
Va d'un pas égal
A la fortune, à l'hôpital.
Le Palais-Royal
Est l'écueil du meilleur ménage;
Le nœud conjugal
S'y brise net comme un cristal.
Le provincial,
Exprès pour l'objet qui l'engage,
Y vient d'un beau schall
Faire l'achat sentimental;
Mais l'original
A vu certain premier étage...
Heureux si son mal
Se borne à la perte du schall!...
Dans un tems fatal,
Si de maint politique orage

Le Palais-Royal
Devint le théâtre infernal,
Du gai carnaval
Il est aujourd'hui l'héritage.
Jeu, spectacle, bal,
Y sont dans leur pays natal.
Flamand, Provençal,
Turc, Africain, Chinois, Sauvage,
Au moindre signal
Tout se trouve au Palais-Royal;
Bref, séjour banal
Du grand, du sot, du fou, du sage,
Le Palais-Royal
Est le rendez-vous général.

LA DÉSOLATION GÉNÉRALE,

OU

LA SUPPRESSION DES BILLETS *GRATIS*.

CHOEUR.

AIR : Quel désespoir !

QUEL désespoir !
Plus de billets de comédie !
Quel désespoir !
Qu'allons-nous devenir le soir ?

C'est nous que congédie
Un ordre révoltant !
C'est une perfidie...
Nous applaudissions tant !

Quel désespoir !
Plus de billets de comédie !
Quel désespoir !
Qu'allons-nous devenir le soir ?

PLUSIEURS VOISINS ET VOISINES.

AIR : Que le Sultan Saladin.

Ces billets m'ont tant de fois
Épargné chandelle et bois !
Tout à coup on les retranche ;
Et qui voudra le dimanche
Voir comédie, opéra,
Paîra,
Paîra ;
Et d'après cet ordre-là,
Il faudra brûler de plus belle
Bois et chandelle (*bis*).

UN DIRECTEUR.

AIR : Lise épouse l' beau Gernance.

A chaque pièce nouvelle,
Bien certains de votre zèle,
Nous opposions aux sifflets
Un déluge de billets :
C'est l'intérêt de la pièce
Qui nous prescrivoit cela...
Mais l'intérêt de la caisse
N' connaît pas ces billets-là (*bis*)

LES CAFETIERS DES DIFFÉRENS THÉATRES.

AIR : Je vous comprendrai toujours bien.

Mais nous, dont les punchs renommés
Disposaient si bien les athlètes,
Les billets *gratis* supprimés
Suppriment aussi nos recettes :
C'est chez nous que ces fiers soldats
De la pièce prenaient la cause ;
Et, qu'elle prît ou ne prît pas,
Ils prenaient toujours (*ter*) quelque chose.

UN CABALEUR.

AIR : On dit que le Diable est céans (*de Monténéro*)

Sans doute, messieurs les acteurs,
Ce changement est votre ouvrage ;
Et c'est d'un si cruel outrage
Que vous payez vos défenseurs !
Mais patience, (*bis*)
Plus de billets, plus d'indulgence ;
Craignez notre indignation....
La bonne ou mauvaise action
A tôt ou tard sa récompense.

UN CHEF DE FILE.

Air : Il faut que l'on file doux.

Et moi, qui de votre gloire
Fus le premier instrument,
Une trahison si noire
Paîra donc mon dévoûment !
Tragédie ou vaudeville,
Faible de plan et de style,
Paraissait-il chanceler,
C'est le chef de file, file, file, } *bis.*
Qui l'empêchait de filer. }

UN CLAQUEUR, *à un chef d'emploi.*

Air : Traitant l'Amour sans pitié (de *Voltaire chez Ninon*).

Un soir, dans Agamemnon,
Nous vous jurâmes d'avance
D'applaudir à toute outrance
A chaque coup de talon ;
Achille était votre rôle,
Et je ne sais trop, mon drôle,
Sans ce petit coup d'épaule,
Ce qui vous fût arrivé.

Mais la main fut si docile ,
Et le talon si mobile ,
Que ce qui perdit Achille
Est ce qui vous a sauvé (*bis*).

DES ACTEURS.

Air : Que d'établissemens nouveaux !

Quoi ! vous vous en prenez à nous
Des billets *gratis* qu'on supprime ?
Eh ! mes amis, bien plus que vous
L'acteur n'en est-il pas victime ?
Quand un créancier inquiet
Venait faire le bon apôtre ,
Nous lui faisions notre billet.....
Pour ne pas en payer un autre (*bis*).

UN COMIQUE.

Air : Je suis né natif de Férare.

Uthal payait la revendeuse ,
Le Traité nul, la parfumeuse ;
Richard payait le bijoutier ,
Anacréon, le cordonnier ;

Othello payait la modiste,
Et *les Templiers*, l'aubergiste;
Titus payait le perruquier,
Et *la Prude*, le culottier.

UNE PRINCESSE.

Air des Fleurettes.

Hélas! avant la pièce,
Qui nous exaltera?
Dans le cours de la pièce,
Qui nous applaudira?
Si nous manquons dans la pièce,
Quel ami nous défendra?
Et qui nous demandera
Après la pièce?

CHOEUR GÉNÉRAL DES CABALEURS.

Air: Courez vite, prenez le patron.

Rendez-nous, rendez-nous nos billets,
Où vous périrez sous les sifflets....
Oui, j'en fais hautement
Le serment,

Nous sifflerons jusques au bout
Tout.
Chaque ouvrage qui sera joué
Sera bafoué,
Honni, hué
Et conspué.
A chaque morceau,
Mauvais ou beau,
Nous éternûrons,
Nous bâillerons,
Nous tousserons...
Dans l'horreur
De ce courroux vengeur,
Rien enfin
N'ira jusqu'à la fin;
Et l'auteur
Ou l'acteur
Le meilleur,
Fût-il un prodige, un phénix,
Nix.

RONDE DE TABLE.

Air : Pour étourdir le chagrin.

Allons, mettons-nous en train ;
Qu'on rie,
Et que la folie
D'un aussi joli festin
Vienne couronner la fin.

Si par quelques malins traits
Les convives se provoquent,
Ici ce ne sont jamais
Que les verres qui se choquent.
Allons, etc.

Le vin donne du talent
Et vaut, dit-on, une muse ;
Or donc, en me l'infusant
J'aurai la science infuse.
Allons, etc.

Amis, c'est en préférant
La bouteille à la carafe,
Qu'on voit le plus ignorant
Devenir bon géographe.

Allons, etc.

Beaune, pays si vanté,
Chablis, Mâcon, Bordeaux, Grave...
Avec quelle volupté
Je vous parcours dans ma cave!

Allons, etc.

Champagne, ton nom flatteur
A bien plus d'attraits, je pense,
Sur la carte du traiteur
Que sur la carte de France.

Allons, etc.

A voir ainsi du pays
On s'expose moins, sans doute :
Il vaut mieux, à mon avis,
Verser à table qu'en route.

Allons, etc.

Je sais qu'une fois en train,
On est étendu par terre

Tout aussi bien par le vin
Que par un vélocifère.
Allons, etc.

Mais voyage qui voudra ;
A moins que l'on ne me chasse,
D'un an, tel que me voilà,
Je ne bougerai de place.
Allons, etc.

Ce lieu vaut seul, en effet,
Toute la machine ronde,
Et le tour de ce banquet
Est pour moi le tour du monde.
Allons, etc.

Il faudra pourtant, amis,
Fuir de ce séjour aimable ;
En quittant ce paradis,
Nous nous donnerons au diable.

Allons, mettons-nous en train ;
Qu'on rie,
Et que la folie
D'un aussi joli festin
Vienne couronner la fin.

RIEN QU'UNE.

CONTE.

Certain curé, las d'être seul au lit,
Tenait du moins à ne pas l'être à table:
Et pour convive avait servante aimable,
De bonne mine et de bon appétit.
Dans un pieux et friand tête-à-tête,
Thérèse et Tonsurin (c'est le nom du curé).
Quand du repas la prière était faite,
D'un bon vin vieux nouvellement tiré
Et d'un poulet avec art préparé,
Se régalaient, surtout les jours de fête...
Et par degrés Thérèse, dont Bacchus
Électrisait les sens très inflammables,
S'abandonnait à des désirs coupables,
Et certains mots, par saint paul défendus,
Du bon curé venaient choquer l'oreille;
Mais Tonsurin, achevant sa bouteille,
N'y répondait que par des *oremus*;
Puis saintement, les yeux sur son bréviaire,

Dont deux doigts seuls tournaient le parchemin,
Il regagnait sa couche solitaire,
Tandis que l'autre, un bougeoir à la main,
Et ses beaux yeux baissés sur son beau sein,
Tout en pleurant l'ennui du presbytère,
De sa cellule enfilait le chemin.
Or, de Thérèse et du bon Tonsurin
C'était, amis, la conduite ordinaire;
Nota pourtant que quand chez le patron
Certains curés, confrères charitables,
Pour y dîner arrivaient sans façon,
Las! pour Thérèse, adieu mets délectables!
Adieu bon vin, café, liqueurs, adieu!
De son repas l'office était le lieu,
Et, de bon cœur, les ministres de Dieu
Étaient donnés par elle à tous les diables.
Arrive enfin l'antique jour des Rois,
Jour solennel aux fastes de l'Église;
Et Tonsurin, qui respecte ses lois,
Court au marché : péché de gourmandise
Est bien permis en telle occasion;
Et qui pour Dieu meurt d'indigestion,
Mérite bien que Dieu le canonise.
Or sus, Thérèse, un panier sous le bras,
Et son patron sous une houppelande,
Malgré le vent, la neige et le verglas,

Jusqu'au marché cheminent à grands pas,
Et tour à tour l'un ou l'autre demande
Combien cette oie? On dispute, on marchande,
Bref, on achète : ils reviennent transis ;
Mais un bon feu les attend au logis.
Thérèse éprouve une secrète joie,
Thérèse espère avoir sa part de l'oie
Et du gâteau qu'on achète en rentrant.
N'étant que deux, le pasteur sûrement
Aura la fève ; et l'on conçoit sans peine
Que s'il est roi, Thérèse sera reine.
Le feu s'allume, et l'oie au même instant,
Par le brasier doucement colorée,
Au gré du fer tournant et retournant,
Offre aux regards sa surface dorée.
La nuit survient ; la pendule a sonné
Du fin souper le moment fortuné :
Déjà la table est dressée et servie ;
Déjà Thérèse a mis son blanc corset,
Son jupon vert et son nouveau bonnet...
Déjà de beaux marrons et de trufles farcie,
Son oie exhale un savoureux fumet...
Déjà placé vis à vis sa servante,
Le bon pasteur a saisi son couteau,
Tracé les parts, découpé le gâteau.
On sonne, on ouvre : ô douleur accablante!

Ma plume, hélas! s'arrête à cet endroit...
Thérèse pâle, interdite, chagrine,
Cède sa place au vicaire Benoît,
Et va souper seule dans sa cuisine.
— Hé! bonjour donc! — J'arrive sans façon.
— C'est fort bien fait; ton bon ange t'envoie...
Assieds-toi là; tu goûteras d'une oie
Délicieuse, et d'un vin... Ah! pardon,
Je suis à toi; je descends à ma cave,
Et j'en apporte un certain vin de Grave
Qui... tu verras... tu le trouveras bon. —
Il sort. — Monsieur, dit Thérèse au vicaire,
En accourant, vous êtes seul? — Pourquoi?
— Pour vous donner un avis salutaire :
Sachez qu'ici pour vous je meurs d'effroi.
— Que veux-tu dire? explique-toi, ma chère.
— Vous ignorez que monsieur Tonsurin,
Que vous croyez avoir l'esprit très sain,
A par instant des accès de folie
Si dangereux, que souvent on le lie.
— Il serait fou! lui? — Que trop, par malheur.
Trois fois par an sa tête se détraque,
Et c'est toujours entre Noël et Pâque;
Voici l'époque. — O ciel! je meurs de peur,
Si ces accès allaient le prendre à table?
— C'est très possible, et même très probable,

Car vous savez qu'il ne boit jamais d'eau ;
Il a des vins de toutes les espèces,
Et vous sentez que leurs vapeurs épaisses
Facilement ébranlent son cerveau.
— Mais à quoi donc pourrai-je reconnaître?...
— Dès que monsieur verra mon pauvre maître,
L'un contre l'autre aiguiser deux couteaux,
Sans plus tarder, alors je lui conseille
De s'évader, s'il ne juge à propos,
Pour un souper, de laisser une oreille.
— Non par saint Jean! — Quand sa tête s'en va,
A ses désirs malheur à qui s'oppose!
Il faut qu'il coupe, et dans ce moment-là
Son oie où vous ce serait même chose.
— A table! à table! allons, maître Benoît,
Dit en rentrant, armé de deux bouteilles,
Le bon curé ; ce vin fera merveilles.
Choisis ta part du gâteau ; sous mon doigt
Je sens la fève ; oui, tiens, voilà l'endroit...
Hé non, c'est toi qui l'as! Ah! de la sorte,
Tu viens chez moi me détrôner, n'importe ;
A ta santé. — Volontiers. — Le roi boit!
Bref, sur un plat la maligne Thérèse,
A pas comptés apporte en soupirant
Le mets friand, succulent, odorant ;
A son aspect tous trois se pâment d'aise :

Mais pour Benoît, quel spectacle effrayant,
Quand le curé, d'un œil étincelant,
Considérant et le vicaire et l'oie,
Semble hésiter sur le choix de sa proie;
Quand saisissant deux larges coutelas,
Que l'un sur l'autre il frotte à tour de bras,
Au vieux Benoît, qui tremble sur son siége,
Il dit tout haut : — Çà, que te couperai-je?
— Figurez-vous, à ce mot foudroyant,
Maître Benoît renversant les bouteilles,
Dans ses deux mains tenant ses deux oreilles,
Franchir la porte, et plus prompt que le vent,
Dégringoler l'escalier cul sur tête,
A travers champs crier : arrête! arrête!
Pousser, heurter les passans effrayés,
Qui pour un fou prennent notre vicaire;
N'oser enfin baisser les yeux à terre,
De peur de voir son oreille à ses pieds.
Figurez-vous Thérèse, ivre de joie,
De sa frayeur riant malignement,
Et le curé, muet d'étonnement,
Prêt à couper les deux cuisses de l'oie,
Sur l'escalier le poursuivre en criant :
— Rien qu'une, ami, rien qu'une seulement. —
Mais c'est en vain... Thérèse est radieuse.
Bref, il revient, et sans doute on conçoit

Qui prit la place et la part de Benoît..
Par ce manége enfin victorieuse,
Goûtant le prix de son mensonge adroit,
L'espiègle en rit comme une bienheureuse.
Le cher curé, bientôt instruit du tour,
En rit aussi : riez à votre tour.

A MADAME ***.

Qui avait demandé à l'Auteur un billet pour la première représentation d'une de ses pièces au Vaudeville.

Quoi ! vous désirez un billet
Pour aller voir un vaudeville,
Un édifice bien fragile
S'écrouler au bruit du sifflet ?
Non, non, madame, s'il vous plaît ;
Dût mon refus me mettre en butte
A l'excès de votre courroux,
Je ne suis nullement jaloux,
D'épouvanter des yeux si doux
Par le spectacle de ma chute.
Je crois vous entendre déjà
Traiter mes craintes de folies.
Soit ; mais souffrez malgré cela,
Que sur des mains plus aguerries
Je fonde l'espoir du succès...
S'il ne les fallait que jolies,

Vous auriez eu tous mes billets.
D'ailleurs, l'amour-propre, madame,
Me défend de vous accorder
Ce que votre amitié réclame...
Oserais-je vous regarder
Si, par un sort trop ordinaire,
J'étais réduit à succomber
Sous les coups d'un public sévère ?
Quoi ! vos yeux m'auraient vu tomber !
Non, épargnez-moi cette honte ;
Si parfois l'auteur la surmonte,
Ah ! ce n'est jamais devant vous ;
Et celui qui connaît vos charmes,
Heureux de vous rendre les armes,
Ne doit tomber... qu'à vos genoux.

LE NOIR.

Air de la Sauteuse

Du matin au soir
Le noir
Joint l'éclat à la grâce ;
Dans toute saison
Le noir, dit-on,
Est de bon ton.
On se met en noir
Lorsqu'on va voir
Les gens en place ;
Le juge est en noir
Quand sur son siége
Il va s'asseoir.
Le noir
Fait valoir
Dans le boudoir,
Un sein de neige ;

Auteur
Et docteur
Ont adopté cette couleur ;
C'est en habit noir
Que l'on épouse ce qu'on aime ;
Maint drame le soir
Nous a fait voir
Thalie en noir.
Suit-on un cercueil,
Le noir du deuil
Offre l'emblême,
Et c'est la couleur
Qu'au bal aime plus d'un danseur :
Bref, le noir
S'allie
Au désespoir,
A la folie,
Et sous cet habit
On juge, on danse, on pleure, on rit.

MA PHILOSOPHIE.

CHANSON MORALE.

AIR : Fournissez un canal au ruisseau.

Pour jamais l'an vient de s'écouler [1] ;
Amis, c'est un mal sans remède,
Et bien loin de nous en désoler,
Ne songeons qu'à l'an qui succède ;
Oui, livrons-nous, pour rajeunir,
Aux transports d'une gaîté folle ;
Et, ne pouvant fixer le Tems qui vole,
Tâchons de fixer le Plaisir.

Si l'objet dont nous sommes épris
Devait toujours rester le même,
A nos yeux il perdrait de son prix :
Tout vieillit, c'est la loi suprême ;

[1] Cette chanson parut le 1er janvier 1807.

Et lorsque l'an, vers son déclin,
Loin de moi fuit à tire-d'aile,
Je vois bien moins ce qu'il ôte à ma belle,
Que ce qu'il ajoute à mon vin.

Moquons-nous de la fuite du Temps,
Et n'en regrettons que la perte;
Que toujours de vingt mets différens
Notre table reste couverte...
Et chantons à tous nos repas :
« L'appétit naît de la folie;
« Or, les seuls jours perdus dans cette vie
« Sont les jours où l'on ne rit pas. »

Aimons bien, buvons bien, mangeons bien,
Jusqu'à la fin de notre route;
Et surtout, amis, ne gardons rien
Pour un lendemain dont on doute.
Alors l'avare nautonnier,
Aux enfers prêt à nous descendre,
Prévoyant bien qu'il n'aurait rien à prendre,
Finira par nous oublier.

JEAN QUI PLEURE

ET

JEAN QUI RIT.

Air du vaudeville du Rémouleur et de la Meunière

Il est deux Jean dans ce bas monde,
Différens d'humeur et de goût ;
L'un toujours pleure, fronde, gronde,
L'autre rit partout et de tout.
Or, mes amis, en moins d'une heure,
Pour peu que l'on ait de l'esprit,
On conçoit bien que Jean qui pleure
N'est pas si gai que Jean qui rit.

Aux Français une tragédie
A-t-elle éprouvé quelqu'échec ?
Vite, d'une autre elle est suivie :
Le public la voit d'un œil sec ;

L'auteur en vain la croit meilleure ;
On siffle... son rêve finit...
Dans la coulisse est Jean qui pleure,
Dans le parterre est Jean qui rit.

Jean-Jacques gronde et se démène
Contre les hommes et leurs mœurs ;
La gaîté de Jean La Fontaine
Épure et pénètre les cœurs ;
L'un avec ses grands mots nous leurre ;
De l'autre un rat nous convertit :
Nargue, morbleu, du Jean qui pleure !
Vive à jamais le Jean qui rit !

Dupe d'une fausse caresse,
Floricourt, ivre de désirs,
Saisit la coupe enchanteresse
Qu'un dieu fripon offre aux plaisirs.
En riant l'imprudent l'effleure,
Il la savoure, il la tarit ;
Et le lendemain Jean qui pleure
Succède, hélas ! à Jean qui rit.

Jean, porteur d'eau de la Courtille,
Un soir se noya de chagrin ;
Un autre Jean, jeune et bon drille,
Tomba mort ivre un beau matin.

Et sur leur funèbre demeure
On grava, dit-on, cet écrit :
« Le ciel fit l'eau pour Jean qui pleure,
« Et fit le vin pour Jean qui rit. »

Auprès d'un vieux millionnaire,
Qui va dicter son testament,
Le Jean qui rit est en arrière,
Le Jean qui pleure est en avant;
Jusqu'à ce que le vieillard meure
Il reste au chevet de son lit;
Est-il mort? adieu Jean qui pleure;
On ne voit plus que Jean qui rit.

Professeurs dans l'art de bien vivre,
Dispensateurs de la santé,
Vous, que ne cessent pas de suivre
Et l'appétit et la gaîté,
Ma chanson est inférieure
A tout ce qu'on a déjà dit,
Et je vais être Jean qui pleure
Si vous n'êtes pas Jean qui rit.

V'LA

C' QUE C'EST QUE L'CARNAVAL.

Air : V'là c' que c'est qu' d'aller au bois.

Momus agite ses grelots,
Comus allume ses fourneaux,
Bacchus s'enivre sur sa tonne,
Pallas déraisonne,
Apollon détonne ;
Trouble divin, bruit infernal...
V'là c' que c'est que l' Carnaval.

Au lever du soleil on dort,
Au lever de la lune on sort ;
L'époux, bien calme et bien fidèle,
Laisse aller sa belle
Où l'amour l'appelle :
L'un est au lit, l'autre est au bal.
V'là c' que c'est que l' Carnaval.

Carosses pleins vont par milliers,
Regorgeant dans tous les quartiers :
Dedans, dessus, devant, derrière,
    Jusqu'à la portière,
    Quelle fourmilière !
Des fous on croit voir l'hôpital...
  V'là c' que c'est que l' Carnaval.

Un char, pompeusement orné,
Présente à notre œil étonné
Quinze poissardes, qu'avec peine
    Une rosse traîne ;
    Jupiter les mène ;
Un cul-de-jatte est à cheval...
  V'là c' que c'est que l' Carnaval.

Arlequin courtise Junon,
Colombine poursuit Pluton,
Mars madame Angot qu'il embrasse,
    Crispin une Grâce,
    Vénus un Paillasse ;
Ciel, terre, enfers, tout est égal...
  V'là c' que c'est que l' Carnaval.

Mercure veut rosser Jeannot;
On crie à la garde aussitôt,
Et chacun voit, de l'aventure,
Le pauvre Mercure
A la Préfecture,
Couché sur un procès-verbal...
V'là c' que c'est que l' Carnaval.

Profitant aussi des jours gras,
Le traiteur déguise ses plats,
Nous offre vinaigre en bouteille,
Ragoût de la veille,
Daube encor plus vieille.
Nous payons bien, nous soupons mal..
V'là c' que c'est que l' Carnaval.

Un bœuf, à la mort condamné,
Dans tout Paris est promené :
Fleurs et rubans parent sa tête :
On chante, on le fête,
Et, la ronde faite,
On tue, on mange l'animal...
V'là c' que c'est que l' Carnaval.

Quand on a bien ri, bien couru,
Bien chanté, bien mangé, bien bu,
Mars d'un fripier reprend l'enseigne,
Pluton son enpeigne,
Jupiter son peigne;
Tout rentre en place, et bien ou mal...
V'là c' que c'est que l' Carnaval.

LE CARÊME.

AIR : Mon père était pot.

Puisqu'on s'exerce plus gaîment
Sur un sujet qu'on aime,
Devrait-on forcer un gourmand
A chanter le Carême ? [1]
Mais, tant bien que mal,
Il faut du journal
En tout point suivre l'ordre.
Puisse mon sujet,
Tout maigre qu'il est,
Me donner de quoi mordre !

Adieu, pâtés et saucissons !
En ces jours d'abstinence,
Ce n'est, hélas ! que de poissons
Que se nourrit la France.

[1] Ce mot avait été donné à l'auteur.

Pour que le péché
Dont il s'est taché
S'efface de lui-même,
Vous voyez qu'il faut
Que le vrai dévot
Pèche tout le Carême.

Cochons, que votre sort est doux
Quand Mardi-Gras nous laisse !
Vos bourreaux, suspendant leurs coups,
Respectent votre graisse ;
Et quoiqu'à bon droit
Le Carême soit
Prescrit par plus d'un moine,
Un pareil statut
Prouverait qu'il fut
Fondé par saint Antoine.

Hélas ! de plaisirs aussi courts
Faut-il qu'on se repente !
Et pour avoir ri quinze jours
Doit-on jeûner quarante ?
Le marin souvent
Subit, en rentrant,
Une aussi longue peine ;
Mais au moins il peut

Manger ce qu'il veut
Pendant sa quarantaine.

Hier, pensant à ma chanson
Plus qu'à ma ménagère,
Je ne lui disais que : « Paix donc !
« J'ai mon Carême à faire. »
Je voulus la nuit
Lui dire sans bruit
Ce qu'on dit quand on aime.....
Un peu moins d'amour,
Dit-elle à son tour ;
Faites votre Carême.

Enfin, chers gourmands, je l'ai fait :
Il faut qu'on se résigne ;
Mais convenez que le sujet
De nous n'était pas digne.
Et toi, cher lecteur,
Puisque, par malheur,
Le Carême est d'instance,
Bien tournée ou non,
Chante ma chanson
Au moins par pénitence.

COUPLETS

CHANTÉS UN JOUR DE NOCE PAR LE PÈRE DE LA MARIÉE.

AIR : V'là c' que c'est qu' d'aller au bois.

Mon dieu ! mon dieu ! quel embarras
Qu' d'avoir un' fille sur les bras !
On se dit, dès son plus bas âge :
« Sera-t-elle sage ?
« Heureuse en ménage ? »
Pendant quinze ans on n' pens' qu'à ça...
V'là c' que c'est que d'êt' papa.

A quatre ans, quel maudit sabbat !
Ça crie, ou ça mord, ou ça bat :
Pour rendre l'espiègle muette
On lèv' la jaquette,
On soufflette, on fouette :
Puis un baiser vient gâter ça...
V'là c' que c'est que d'êt' papa.

A huit ans ça veut babiller,
Ça veut trancher, ça veut briller :
Soir et matin la p'tit' coquette
N' rêve que toilette;
Il faut qu'on achète
Colliers par ci, brac'lets par là...
V'là c' que c'est que d'êt' papa.

C'est à douze ans qu' faut voir venir
Des maîtres à n'en plus finir!
Danse, dessin, musique, histoire,
Enflent le mémoire...
C'est la mer à boire!
Au bout du mois faut payer ça...
V'là c' que c'est que d'êt' papa.

Mais p'tit à p'tit v'là qu' ça grandit,
Qu' ça s'embellit, qu' ça s'arrondit...
D' not fille on vante la figure,
L'esprit, la parure,
Le ton, la tournure,
Et nous mordons à c't ham'çon-là...
V'là c' que c'est que d'êt' papa.

Un beau garçon s' présente enfin,
Doux, honnête et l' cœur sur la main;

D' plaisir, d'amour son cœur pétille...
Il plaît à la fille,
A tout' la famille;
L' père enchanté dit : Touchez-là...
V'là c' que c'est que d'êt' papa.

Les bancs sont bientôt publiés,
Et les jeunes gens mariés :
Au Cadran-Bleu l' festin s'ordonne;
L' mari, qui le donne,
D' plaisir déraisonne
En pensant qu'un jour il dira :
V'là c' que c'est que d'êt' papa.

A la fin du joyeux repas,
Au couple heureux on tend les bras;
L'un, quittant sa place et son verre,
Saute au cou d' la mère,
L'autre au cou du père,
Qui pleure, et dit en voyant ça :
V'là c' que c'est que d'êt' papa.

LA TABLE.

Air : Je ne veux la mort de personne.

En vrai gourmand, je veux ici
Chanter ce meuble nécessaire
Dont tous les mois l'attrait chéri
Double nos nœuds et les resserre [1] ;
Oui, quels que soient les traits mordans
Dont la critique nous accable,
Au risque de ses coups de dents,
Je vais m'étendre sur la table.

Comment refuser son tribut
A cette mère universelle !
Sans la table, point de salut,
Et nous n'existons que par elle :

[1] La Société épicurienne du Caveau moderne s'assemblait tous les mois au Rocher de Cancalle.

L'alcove où l'homme s'amollit
Lui peut-elle être comparable?
Les pauvres mourans sont au lit,
Les bons vivans ne sont qu'à table.

Quel doux spectacle, quel plaisir
De voir ces sauces parfumées
Dont toujours, prompt à les saisir,
L'odorat pompe les fumées!
On rit, on chante, on mange, on boit...
De bonheur source intarrissable!
Le cœur pourrait-il rester froid,
Quand il voit tout fumer à table?

Deux rivaux entendent sonner
L'instant qui menace leur vie :
A faire un dernier déjeûner
Un témoin sage les convie :
Dans le vin tous deux par degrés
Éteignent leur haine implacable;
Ils seraient peut-être enterrés,
S'ils ne s'étaient pas mis à table.

Le gros Raymond voit chaque jour
Cent wiskys assiéger sa porte :
Il reçoit la ville et la cour;

La renommée au cieux le porte.
— Il a donc de rares vertus?
— Non. — A-t-il un rang remarquable,
Des talens, de l'esprit? — Pas plus.
— Qu'a-t-il donc? — Il a bonne table.

Grands yeux bien noirs et bien piquans,
Oreille ou poitrine rôtie,
Petite bouche, belles dents,
Cervelle grasse et bien farcie,
Taille légère, bons gigots,
Sein de lis, langue délectable,
Jambe mignone, pieds de veaux,
Voilà ma maîtresse et ma table.

A table, on compose, on écrit;
A table, une affaire s'engage;
A table, on joue, on gagne, on rit;
A table, on fait un mariage;
A table, on discute, on résout;
A table, on aime, on est aimable.
Puisqu'à table on peut faire tout,
Vivons donc sans quitter la table.

IMPROMPTU

ADRESSÉ PAR UNE JEUNE DAME A UN DE SES PARENS.

Quoi ! vous désirez mon portrait !
De vos bontés quelle preuve nouvelle !
Je croyais qu'il vous suffirait
De vous être assuré tout l'amour du modèle.
Le voici, ce portrait ; je tremble en vous l'offrant ;
Et mon dernier désir (je n'en forme point d'autre),
C'est que vous le trouviez à peu près ressemblant.
J'aimerais mieux qu'il fût parlant,
Il vous demanderait le vôtre.

EPITRE

A UN CONVIVE CONVALESCENT.

Vous, cher confrère, *in extremis!*
Quel coup *pro vestris amicis*,
S'il nous avait fallu, *jocis*,
Dîners et chansons *remotis*,
Escorter d'un *de profundis*
Votre voyage *in excelsis!*
Ah! c'est pour le coup que *Piis*,
Philipon, *Antignac*, *Francis*,
Et *Capelle* le cadédis,
Tous nos frères *in opimis*,
Seraint tombés *in lacrymis*.
Mais enfin *proximus mensis*,
Pourra vous voir *nostris mensis*;
Et boire et manger comme six.
Douce espérance! *spes dulcis!*
Gratias agamus Diis,

In santo nomine patris
Et tuæ caræ salutis.

Fait *sub oculo* ***LAUJONIS,***
Président, *corde juvenis.*

DÉSAUGIERS, frère *in gaudiis,*
Secrétaire *in auxiliis.*

A la fin d'*Augusti mensis* [1],
Et anno priore pacis.

[1] 1807.

FAUTE D'UN MOINE, L'ABBAYE NE MANQUE PAS.

AIR : Ça n' se peut pas.

De Comus nous ouvrons le temple ;
Gourmands, buveurs, accourez tous,
Et pour mieux suivre notre exemple,
Soyez exacts au rendez-vous ;
Car, la soupe une fois servie,
Si l'un de nous manque au repas,
Faute d'un moine, l'abbaye
Ne manque pas (*bis*).

Avez-vous vu la pauvre Ursule
Depuis que son mari n'est plus ?
Sa maison est une cellule,
Tous les hommes en sont exclus.
Les uns pensent qu'elle s'ennuie,
Et les autres disent tout bas :
Faute d'un moine, l'abbaye
Ne manque pas.

La nuit, la frileuse Laurence
Au feu d'un moine avait recours;
Sa vieille maman, par prudence,
Proscrit le moine pour toujours;
Mais quand une fille jolie
Craint de grelotter dans ses draps,
Faute d'un moine, l'abbaye
Ne manque pas.

Santeuil, de joyeuse mémoire,
Du couvent s'échappait sans bruit,
Pour aller chanter, rire et boire
Le jour, et quelquefois la nuit.
— Autant vaut, se disait l'impie,
Rire ici que ronfler là-bas;
Faute d'un moine, l'abbaye
Ne manque pas.

Jurons, quoique tout ait son terme,
De ne jamais nous désunir;
Amis, verre en main tenons ferme
Jusqu'à notre dernier soupir;
Et si la mort me congédie,
Chantez tous après mon trépas :
Faute d'un moine, l'abbaye
Ne manque pas.

LES COUPS.

AIR du vaudeville du Chapitre second.

TOUT homme ici bas a sa part
Des coups qui menacent la vie :
Le joueur craint ceux du hasard
Le riche craint ceux de l'envie,
L'ennemi craint ceux du canon,
Le poltron craint les coups de canne,
Et l'homme à talent est, dit-on,
Sujet au coup de pied de l'âne.

Un coup de tête bien souvent
Aux jeunes gens devient funeste ;
Un coup de langue est du méchant
L'arme qu'à bon droit on déteste ;
L'espérance du laboureur
Par un coup de vent est trompée ;
Un coup de patte à son auteur
Parfois attire un coup d'épée.

Un coup de théâtre mal fait
Indispose tout un parterre,
Et l'auteur, au coup de sifflet,
Est frappé d'un coup de tonnerre;
Les coups fourrés ont des attraits
Pour la beauté la moins friponne;
Mais chez elle on sait que jamais
Un coup manqué ne se pardonne.

Tout fier de leurs nouveaux succès,
Nos riches étonnés de l'être
Se vantent que leurs coups d'essais
Ont été de vrais coups de maître.
Mais de la fange étant sortis,
Malgré l'éclat de leurs carosses,
La poussière de leurs habits
Résiste à tous les coups de brosses.

Il est des coups que ne craint pas
L'amant bien épris ds sa belle;
Un seul coup d'œil lui dit tout bas :
« Au coup de minuit sois fidèle. »
Minuit sonne : au coup de marteau
S'ouvre la porte clandestine,
Et ceints de l'amoureux bandeau,
Ils font leurs coups à la sourdine.

Chers amis, comme en vous chantant
Coup sur coup six couplets, je tremble
D'avoir perdu des coups de dent,
Buvons au moins un coup ensemble ;
Si de ma chanson sur les coups
L'assommante longueur vous lasse,
Je consens, par pitié pour vous,
A vous donner le coup de grâce.

TOUT CE QUI LUIT N'EST PAS OR [1].

AIR : Dans la paix et l'innocence.

Pour une chanson nouvelle
J'invoquais mon Apollon,
Quand je vis à ma chandelle
Se brûler un papillon;
Et cet accident tragique
M'inspira, sans nul effort,
Ce refrain philosophique :
Tout ce qui luit n'est pas or.

Sans argent, sans espérance,
Figeac plaignait son destin.

[1] Je sais qu'on dit : *Tout ce qui* RELUIT *n'est pas or;* mais j'ai cru pouvoir me permettre la soustraction d'une syllabe qui aurait contrarié les rapprochemens que je voulais établir, en offrant le verbe *luire* dans les diverses acceptions qu'il présente ; d'ailleurs cette licence réduit chacun de mes vers à *sept* syllabes ; *et numero Deus impari gaudet.*

— Hé, morgué! d' la patience,
Lui dit Pierre, son voisin;
L' soleil luit pour tout le monde.
— Il luit, j'en tombé d'accord;
Mais lorsqué l'estomac gronde,
Tout cé qui luit n'est pas or.

De la nuit perçant les voiles,
Un faux savant, un vrai sot,
Au feu brillant des étoiles
Croit faire bouillir son pot;
Mais loin de faire fortune,
Il se perd dans son essor,
Et voit qu'autour de la lune
Tout ce qui luit n'est pas or.

Dans mille pièces mesquines
Qu'un jour voit s'évanouir,
Costumes, décors, machines,
Tout est fait pour éblouir;
Mais au bout de la quinzaine,
La baisse du coffre-fort
Prouve au caissier qu'à la scène,
Tout ce qui luit n'est pas or.

Le jour de l'hymen d'Hortense,
Son papa dit au futur :

« C'est la vertu, l'innocence ;
« Le jour qui luit est moins pur. »
Mais la nuit, dit la chronique,
L'époux, déplorant son sort,
S'écria d'un ton tragique :
Tout ce qui luit n'est pas or.

Quand une Agnès se dit riche,
Quand un fat vante son nom,
Quand un médecin s'affiche,
Quand une belle dit non,
Quand un voyageur bavarde,
Quand un Anglais se dit lord,
Mes amis, prenez-y garde,
Tout ce qui luit n'est pas or.

PETITE PLUIE ABAT GRAND VENT.

AIR : *Du partage de la richesse*, ou *du Petit Matelot*.

LUNDI matin, un grand tumulte
Réveille toute ma maison ;
C'est un créancier qui m'insulte
Et veut m'envoyer en prison ;
Les soufflets pleuvent sur sa face,
Et mon juif, en les recevant,
Plus poli, me demande grâce.
Petite pluie abat grand vent.

Je sors, je rencontre une belle
Au teint du lis, au doux contours ;
Je la poursuis en dépit d'elle,
Elle veut crier au secours ;
J'use aussitôt d'une recette
Qui réussit assez souvent ;
Ma Danaé devient muette.
Petite pluie abat grand vent.

Comblé des bontés de la dame,
Je cours chez l'ami Roberto :
Ce tendre époux battait sa femme
Prise... *in flagrante delicto.*
Mais au plus fort de la tempête,
Il la voit de pleurs s'abreuvant;
Son courroux meurt, son bras s'arrête.
Petite pluie abat grand vent.

Deux hommes, écumant de rage,
Plus loin se prenaient aux cheveux,
Voilà que d'un premier étage
On les arrose tous les deux;
Voilà nos héros de l'ondée
A droite, à gauche se sauvant;
Voilà la querelle vidée.
Petite pluie abat grand vent.

Le soir, je livrais au parterre
Le sort d'un enfant nouveau-né :
Je verse le punch à plein verre
A maint claqueur déterminé;
On veut siffler, et ma cohorte,
Tour à tour claquant et buvant,
Met tous les siffleurs à la porte.
Petite pluie abat grand vent.

Je regagne enfin ma demeure,
Où m'attendait certain minois;
Je l'embrasse... il était une heure ;
Le baiser dura jusqu'à trois :
Mais tôt ou tard l'amour sommeille,
Et bientôt Morphée arrivant,
Vint tout bas me dire à l'oreille :
Petite pluie abat grand vent.

L'EAU VA TOUJOURS A LA RIVIÈRE.

AIR : J'étais bon chasseur autrefois.

AMIS, il est un fait certain
Que ne doit ignorer personne ;
La Moselle s'unit au Rhin,
Et la Dordogne à la Garonne ;
L'Oise dans la Seine se rend,
Le Rhône se joint à l'Isère,
Et, bien ou mal, voilà comment
L'eau va toujours à la rivière.

Armateur, jadis porteur d'eau,
Mondor, qui se nommait Antoine,
Achète, équippe maint vaisseau ;
L'Océan est son patrimoine ;
Humble autrefois, fier aujourd'hui,
Au Pactole il se désaltère,
Et les faveurs pleuvent sur lui :
L'eau va toujours à la rivière.

L'ami Vigier, tous les matins,
Chez lui voit accourir la foule;
Et tant qu'il coulera des bains,
Nous ne craignons pas qu'il se coule.
Vigier roule et nage dans l'or,
Sa fortune est liquide et claire,
Et chaque été la double encor :
L'eau va toujours à la rivière.

Un Jean-Baptiste, vigneron,
Ayant adopté pour système
D'imiter en tout son patron,
Honorait son vin du baptême.
Un jour la Seine débordant,
Vient inonder sa cave entière.
Il devait prévoir l'accident :
L'eau va toujours à la rivière.

Je voulais boire ce matin
A la source de l'Hippocrène;
Vous m'avez coupé le chemin,
Et je reviens tout hors d'haleine.
Chaque mois vous m'opposerez
Cette insurmontable barrière.
Plus vous buvez, plus vous boirez :
L'eau va toujours à la rivière.

LA MOUTARDE APRÈS LE DINÉ.

AIR : Au clair de la lune.

MA chanson à faire
Jusqu'à ce moment
Ne m'occupa guère ;
Ce matin pourtant,
Ma muse musarde,
Avant déjeûné,
A fait la moutarde
Après le dîné.

Qu'une tragédie
Ait un plein succès,
Et, par jalousie,
Que deux jours après
Un journal bombarde
L'auteur couronné,
C'est de la moutarde
Après le dîné.

Jaloux de sa belle,
Certain vieux galant
Trouve un jour près d'elle
Son représentant.
Le sot qu'on brocarde
Crie en déchaîné.....
C'est de la moutarde
Après le dîné.

Dans la capitale,
Un pauvre ingénu
Boit, joue et régale
Le premier venu ;
Mais s'il se hasarde
A traiter Phryné,
Gare la moutarde
Après le dîné.

Roch, purgeant Ragonde,
Que l'âge accablait,
Disait que ce monde
Était un banquet.
Alors, dit la garde,
Tout votre séné
Est de la moutarde
Après le dîné.

Madame Gertrude
Veut, à soixante ans,
Faire encor la prude,
Mais il n'est plus tems.
En vain elle farde
Son teint suranné;
C'est de la moutarde
Après le dîné.

Amis, je m'arrête,
Et crains, entre nous,
Qu'un grand mal de tête
Ne vous prenne à tous.
A tort je bavarde;
Rien ne monte au né
Comme la moutarde
Après le dîné.

COUPLET

D'UNE JEUNE FEMME A SON AMANT,

EN LUI ADRESSANT UNE LETTRE.

Dans cette feuille de papier
Je vois ton image chérie;
Comme elle, tu te sais plier
Aux caprices de ton amie.
Elle est aussi de mon amour
La dépositaire fidèle;
Mais, hélas! je crains bien qu'un jour
Tu ne sois aussi léger qu'elle.

LE FOIN.

Air du vaudeville du Mameluck.

Nous, qui pour payer nos dettes
Chantons ici tous les mois [1],
Allons, gais, friands poètes,
Que le foin nous mette en voix !
Mardi, près d'une bruyère,
Un fait dont je fus témoin,
M'a prouvé qu'on pouvait faire
Quelque chose sur le foin.

Aussitôt, vaille que vaille,
J'ai griffonné ce couplet :
La misère est sur la paille,
Le luxe est sur le duvet,
La grandeur est sous un dôme,
Le talent est dans un coin,

[1] La Société Épicurienne, séante au Rocher de Cancale.

Le repos est sous le chaume,
Le plaisir est sur le foin.

Puis, aux traits de la satire
Abandonnant mon esprit,
J'ai fait un malin sourire,
Et tout bas je me suis dit :
Maint fat que j'ai sur mes notes
N'eût jamais été si loin,
S'il n'avait pas, dans ses bottes,
Mis quelques bottes de foin.

Foin du censeur trop austère,
Foin des sots, foin des pédans,
Foin des fous, foin de la guerre,
Foin des sots, foin des méchans,
Foin des riches qu'importune
L'aspect touchant du besoin...
Ils mangeraient leur fortune,
Si l'or se changeait en foin.

Le malheureux, par un songe,
Dans un palais transporté,
Prend d'abord ce doux mensonge
Pour une réalité ;
Mais bientôt le pauvre diable
Voit, dès que le songe est loin,

Que Dieu mit dans son étable
Plus de paille que de foin.

Chercher l'esprit dans un drame,
Le bon sens dans un roman,
La raison chez une femme,
L'honneur chez un charlatan,
La froideur chez une fille,
Mille écus dans un besoin,
Ah! c'est chercher une aiguille
Dans une botte de foin.

LES BROUILLARDS.

AIR : Tenez, moi, je suis un bon homme.

POUR un gastronome intrépide
Quel triste sujet à chanter !
Mais comme il est assez humide,
Je commence par m'humecter :
Si le vin trouble un peu ma vue,
Amis, pardonnez mes écarts;
On peut bien faire une bévue,
Lorsque l'on est dans les brouillards.

Le papier brouillard ne peut guère
Garder l'empreinte d'un écrit;
Aussi, chez Plutus, chez Cythère,
Ce papier a-t-il du débit :
Serment d'amour, vœu d'être sage,
Billets payables sans retard,
Jusqu'aux contrats de mariage,
Tout s'écrit sur papier brouillard.

Figeac à son futur beau-père
Disait : — Sandis ! s'il faisait beau,
Sur l'autre bord dé la rivière,
Vous admirériez mon château ;
Mais un nuagé l'environne,
Et nous dérobé ses remparts...
Les biens placés sur la Garonne
Sont presqué tous dans les brouillards.

Brouillons tous les vins de la cave,
Brouillons Tonnerre et Malaga,
Brouillons Mâcon, Champagne et Grave,
Brouillons et Madère et Rota ;
Que de leurs vapeurs salutaires
Jaillissent des couplets gaillards ;
Mais entre nous, mes chers confrères,
Jamais, jamais d'autres brouillards.

VOEU D'UN IVROGNE.

Air : Un chanoine de l'Auxerrois.

Si l'eau de la Seine un matin
Venait à se changer en vin,
(Ce que je n'ose croire)
Puissé-je à l'instant voir aussi
Chacun de mes bras raccourci
Se changer en nageoire ;
Et, troquant ma forme et mon nom
Pour ceux de carpe ou de goujon,
Hé ! bon, bon, bon,
Devenir poisson,
Pour ne faire que boire !

COUPLETS

CHANTÉS PAR UN SEXAGÉNAIRE

A JACQUELINE B***,

LE 1er DU MOIS DE MAI, JOUR DE SA FÊTE.

AIR : Dans la paix et l'innocence.

Pour chanter de Jacqueline,
Le nom, l'esprit et le cœur,
Vite une chanson badine,
Et qu'on la répète en chœur;
Du doux feu qui me pénètre
Que chacun soit animé;
Au plaisir on doit renaître,
Le premier du mois de mai.

C'est l'époque où la nature
Reprend ses riches couleurs,
Où nous voyons la verdure
S'émailler de mille fleurs :

Tour à tour notre patronne
Présente à notre œil charmé
Fleurs du printemps, fruits d'automne,
Le premier du mois de mai.

D'après un antique usage,
On voyait en ce beau jour
Un jeune arbre offrir l'image
Du bonheur et de l'amour :
Au lieu des vers que je chante,
J'aurais aussi mieux aimé
Te planter ce que l'on plante
Le premier du mois de mai.

Que t'offrirai-je? Une rose
Te peindrait mal mon amour ;
Quelques vers sont peu de chose
Pour fêter un si beau jour :
Jacqueline, il fut un âge,
Où mon cœur, plus enflammé,
T'en aurait fait davantage
Le premier du mois de mai.

VERS

ADRESSÉS A M. GODDE[1],

En lui envoyant une loge pour la première représentation du vaudeville intitulé *la Comédie chez l'Épicier*, fait en société avec M. Gentil.

Ah! qu'il doit être triomphant
L'ami, le protecteur des lettres,
Qui, du dernier de nos grands maîtres,
A sauvé le dernier enfant!
Quel droit à la reconnaissance
Lui mérite un pareil bienfait!
Hélas! sans lui c'en était fait;
Cet ouvrage, plein d'élégance,
De sentiment et de candeur,
Anéanti dès sa naissance,
Expirait avec son auteur!

[1] C'est M. Godde qui, par le hasard le plus heureux, a arraché à l'oubli la comédie des Deux Frères, ouvrage posthume de Collin d'Harleville.

Heureux mortel qui de Thalie,
Dans la douleur ensevelie,
Consolant le trop juste deuil,
Avez de la nuit du cercueil
Rappelé Collin à la vie,
Que ce bienfait, digne d'envie,
A dû vous inspirer d'orgueil!
C'est lui seul qui de notre lyre
A dicté les faibles accords;
A nos couplets venez sourire,
Venez soutenir nos efforts...
Heureux si cette bagatelle,
Qu'avec frayeur nous hasardons,
Vous fait goûter une parcelle
Des plaisirs que nous vous devons!

COUPLETS

A UNE JEUNE MARIÉE.

Air : J'étais bon chasseur autrefois

Sophie, au gré de nos désirs
L'hymen va couronner ta tête ;
Nouveaux devoirs, nouveaux plaisirs,
Voilà ce que ce dieu t'apprête.
Pour toi tout change ; et dès demain,
Par une douce expérience,
Tu diras : Du soir au matin,
Ah ! bon dieu ! quelle différence !

Aujourd'hui, ton heureux époux,
Brûlant et d'amour et d'ivresse,
N'aspire qu'à l'instant si doux
Qui doit te prouver sa tendresse.

Ah! puisses-tu, de ses sermens,
Regrettant la vive éloquence,
Ne pas dire dans quelque temps :
Ah! bon dieu! quelle différence!

Unis par l'âge et par le cœur,
Que peut-il vous manquer encore?
L'âge fuit, c'est un grand malheur,
Mais le cœur reste à son aurore.
Vieux, on s'aime toujours autant,
Soit habitude, soit constance;
On se le prouve moins souvent,
Voilà toute la différence.

COUPLETS

D'UNE JEUNE DAME

A son retour auprès de son mari, après un séjour de trois mois dans la capitale.

AIR du vaudeville de Lasthénie.

ENFIN me voilà de retour;
C'était le seul vœu de mon ame.
Combien il est heureux le jour
Qui rend un époux à sa femme!
Ah! mon ami, je te réponds
Que loin de celui que j'adore,
Les jours me paraissaient bien longs,
Et les nuits plus longues encore.

Pendant trois mois, que j'ai souffert!
Quoique dans le cours du voyage,
Mille jeunes gens m'aient offert
De me consoler du veuvage!

Séquestrée ainsi loin de toi!
Hélas! quel pénible trimestre!
Quelques jours de plus, et, ma foi!
J'aurais pu lever le séquestre.

Mais n'en conçois pas de frayeur;
Embrasse une épouse qui t'aime;
T'en voilà quitte pour la peur,
Et plus d'un n'en dit pas de même.
Ah! ne vas jamais à Paris;
Je ne veux pas te voir paraître
Dans une ville où les maris
Sont presque tous fâchés de l'être.

J'en ai pourtant vu dont jamais
Le temps n'avait éteint l'ivresse.
A chaque instant ils étaient prêts
A faire preuve de tendresse.
Tous les ans, leur fidèle ardeur
Double une famille chérie :
Mais mon cher époux, par malheur,
N'était pas de la compagnie.

Puisqu'aujourd'hui tu m'es rendu,
Ami, quel bonheur est le nôtre!
A réparer le temps perdu
Il faut s'occuper l'un et l'autre.

Mais, monsieur, pendant ce tems-là,
Vous-même... Chut! bientôt, j'espère,
Ce que vous ferez m'instruira
De ce que vous avez pu faire.

ÉPITRE

ADRESSÉE, LE 6 MAI 1816,

A MLLE ADÈLE CAILHAVA,

Qui invitait l'auteur, malade alors, à un souper qu'elle devait donner le 10, à l'occasion de l'anniversaire de la naissance de son père.

PLAIGNEZ, plaignez, aimable Adèle,
Un pauvre auteur souffrant, perclus,
Qui, quoique disciple fidèle
De Bacchus, Comus et Momus,
Ne rit, ne boit, ne chante plus.
O métamorphose cruelle !...
Privé de l'usage d'un bras
Par je ne sais quelle foulure,
De mon mal, qui ne finit pas,
J'accuse tour à tour, hélas!
La médecine et la nature.
Si, du moins, je pouvais lundi

D'un cercle invité par les Grâces
Et par l'Amitié réuni,
Clopin-clopant suivre les traces,
Et mêler ma tremblante voix
A ces chorus bruyans, grivois,
Enfans d'une folie aimable !
Vain espoir ! mon docteur me dit
Qu'il faudra souffrir dans mon lit,
Tandis que vous rirez à table.
Mais par le danger que je cours
Je ne me laisse point abattre ;
Du ciel j'implore le secours :
Puisqu'il fit le monde en sept jours,
Il peut bien me guérir en quatre.
S'il se refuse à mes désirs,
Irai-je troubler vos plaisirs
Par ma sombre mélancolie ?
Et voulez-vous qu'un pauvre auteur,
A votre délire enchanteur
Substituant la tragédie,
Mal à propos se fasse un jeu
De transformer en Hôtel-Dieu
Le joyeux boudoir de Thalie ?
Non, non, vraiment ; le verre en main,
Chantez l'heureux anniversaire
D'un fidèle ami, d'un bon père,

Et du rival de Poquelin.....
Cailhava, ta gaîté légère
A trompé les ailes du Tems;
Le laurier, le myrte et le lierre
S'enlacent sur tes cheveux blancs.
Et nous chantons en toi le père
Et des amours et des talens :
Reçois les vœux d'un cœur qui t'aime;
Crois à ses pénibles regrets.....
Avec quelle ivresse j'irais
Te porter mon bouquet moi-même !
Mais non; au lieu de vins exquis
J'avalerai des boissons fades :
Tu boiras à pleines rasades,
Et tu traiteras tes amis
Mieux qu'un médecin ses malades.
Mais, chers convives, lorsqu'enfin
Vous aurez, pendant le festin,
Épuisé la liqueur vermeille,
Égouttez bien chaque bouteille;
Et si quelque doigt de vin vieux
S'en échappe encore à vos yeux,
Prenez pitié de ma souffrance,
Et que ces restes précieux
Soient bus à ma convalescence.

SOUVENIRS NOCTURNES

DE DEUX ÉPOUX

DU DIX-SEPTIÈME SIÈCLE.

Il avait plu toute la journée ; et, n'ayant pu aller le soir faire leur partie de loto chez madame Caquet, sage-femme, rue des Martyrs, M. et Mme Denis s'étaient couchés de bonne heure. Au bout de vingt-trois minutes, madame Denis, qui ne dormait pas, impatientée du silence obstiné de son mari, qui n'avait pas cessé de lui tourner le dos, soupira trois fois, et prit la parole :

MADAME DENIS.

Air : *Premier mois de mes amours.*

Quoi ! vous ne me dites rien ?
Mon ami, ce n'est pas bien ;

Jadis c'était différent;
Souvenez-vous-en, souvenez-vous-en....
J'étais sourde à vos discours,
Et vous me parliez toujours.

MONSIEUR DENIS, *se retournant.*

Mais, m'amour, j'ai sur le corps
Cinquante ans de plus qu'alors;
Car c'était en mil sept cent;
Souvenez-vous-en, souvenez-vous-en....
An premier de mes amours,
Que ne duriez-vous toujours!

MADAME DENIS, *se ravisant.*

C'est de vous qu'en sept cent un
Une anguille de Melun
M'arriva si galamment!
Souvenez-vous-en, souvenez-vous-en....
Avec des pruneaux de Tours
Que je crois manger toujours.

MONSIEUR DENIS.

En mil sept cent deux, mon cœur
Vous déclara son ardeur:
J'étais un petit volcan;
Souvenez-vous-en, souvenez-vous-en....

Feu des premières amours,
Que ne brûlez-vous toujours!

MADAME DENIS.

On nous maria, je crois,
A Saint-Germain-l'Auxerrois.
J'étais mise en satin blanc;
Souvenez-vous-en, souvenez-vous-en...
Du plaisir charmans atours,
Je vous conserve toujours.

MONSIEUR DENIS, *se mettant sur son séant.*

Comme j'étais étoffé!

MADAME DENIS, *s'asseyant de même.*

Comme vous étiez coiffé!

MONSIEUR DENIS.

Habit jaune en bouracan;
Souvenez-vous-en, souvenez-vous-en....

MADAME DENIS.

Et culotte de velours
Que je regrette toujours.

(*Continuant.*)
Comme, en dansant le menuet,
Vous tendîtes le jarret!

Ah! vous alliez joliment!
Souvenez-vous-en, souvenez-vous-en....
Aujourd'hui nous sommes lourds;

MONSIEUR DENIS.

On ne danse pas toujours.

(*S'animant.*)

Comme votre joli sein
S'agitait sous le satin!
Il était mieux qu'à présent;
Souvenez-vous-en, souvenez-vous-en....
Belles formes, doux contours,
Que ne duriez-vous toujours!

MADAME DENIS.

La nuit, pour ne pas rougir,
Je fis semblant de dormir.
Vous me pinciez doucement;
Souvenez-vous-en, souvenez-vous-en....
Mais à présent, nuits et jours
C'est moi qui pince toujours.

MONSIEUR DENIS, *lui offrant une prise de tabac.*

Demain, songez, s'il vous plaît,
A me donner mon bouquet.

MADAME DENIS, *tenant la prise de tabac sous le nez.*

Quoi! c'est demain la Saint-Jean?

MONSIEUR DENIS, *rentrant dans son lit.*

Souvenez-vous-en, souvenez-vous-en....
Époque où j'ai des retours
Qui me surprennent toujours.

MADAME DENIS, *se recouchant.*

Oui, jolis retours, ma foi!
Votre éloquence avec moi
Éclate une fois par an;
Souvenez-vous-en, souvenez-vous-en....
Encor votre beau discours
Ne finit-il pas toujours.

(*Ici M. Denis a une réminiscence.*)

MADAME DENIS, *minaudant.*

Que faites-vous donc, mon cœur?

MONSIEUR DENIS.

Rien... je me pique d'honneur.

MADAME DENIS.

Quel baiser!... il est brûlant....

MONSIEUR DENIS, *toussant.*

Souvenez-vous-en, souvenez-vous-en....

MADAME DENIS, *rajustant sa cornette.*

Tendre objet de mes amours,
Pique-toi d'honneur toujours.

Ici le couple bâilla,
S'étendit et sommeilla.
L'un marmottait en ronflant :
« Souvenez-vous-en, souvenez-vous-en.... »
L'autre : « Objet de mes amours,
« Pique-toi d'honneur toujours. »

PREMIÈRE SOIRÉE

DE CADET BUTEUX,

PASSEUX D' LA RAPÉE,

AUX EXPÉRIENCES DU SIEUR OLIVIER.

AIR : Voulez-vous savoir l'histoire.

Je n' vois, en fait de pestacles,
Foi d' Cadet Buteux,
Rien qui vaille les miracles
D' nos escarmoteux ;
J'en savons un passé maître,
Qu' j'avons vu l'aut' soir ;
Gn'y a qu'un moyen de l' connaître,
Et c'est d'aller l' voir.

J' crois que c' luron-là s'appelle
Monsieur Olivier ;
Et c'est dans la ru' d' Guernelle [1]
Qu' travaille l' sorcier ;

[1] Ancien domicile de M. Olivier.

I' sait vous r'tourner, vous prendre,
Qu'on n'y connaît rien,
Et j' dis qu' s'il ne s' fait point pendre
C'est qu'il le veut bien.

J' pensons un' carte, i' m' la nomme,
C'était l' roi d' carreau :
V'là qu' d'un' main il prend z'un' pomme,
Et d' l'autre un couteau;
Il la partage, il la montre,
Et, voyez l' malin!
V'là mon roi qui s'y rencontre
En guise d'pépin.

C' qu'est pus fort, c'est qu'il prépare
Un grand verre d' vin,
Et vous l' flanque, sans dir' gare,
Au nez d' mon voisin :
L' diable d' vin s' mitamorphose
En rose, en œillet;
V'là, m' dis-je en restant tout chose,
Un vin qu'a l' bouquet!

J' li prêtons, à sa prière,
Mon castor à glands,
Parc' qu'il avait z'envi' d' faire....
Une om'lette d'dans;

Gn'y a point z'à dire, il l'a faite,
Et ça sous not' né,
Et, jarni, moi, d' voir c't' om'lette,
Ça m'a tout r' tourné.

Il me d'mande que j' li garde
Six écus tournois,
J' les prenons; mais quand j'y r'garde,
V'là qu'i' m'en manqu' trois;
On les trouv' dans une aut' poche :
A Paris, quoiqu' ça,
N' faut point z'un' lunett' d'approche
Pour voir ces coups-là.

Il perce un mouchoir d' percale
D' la grosseur d'un œuf;
Il souffle d'sus, il l'étale,
Crac, le v'là tout neuf.
Pour nos fill's, ah! queu trouvaille,
Dans c' siècle d' vartus,
Si, pour boucher z'une entaille,
N' fallait qu' souffler d'sus!

V'là qu' tout à coup la nuit tombe....
Et, pour divartir,
J' vois comm' qui dirait d'un' tombe
D's esquelett's sortir;

A leux airs secs et minables
  On s'disait comm' ça :
C'est-i' d's artist's véritables
  Qui jou'nt ces rol's-là ?

Mais avant qu'un chacun sorte,
  (Et c'est là l' chiendent !)
V'là l' Fanfan qui nous apporte
  Deux torches d' rev'nant.
Morgué ! que l' bon Dieu t' bénisse,
  Suppôt d'Lucifer !
J'croyions qu' j'avions la jaunisse,
  Tant j'avions l' teint vert.

Bref, c't Olivier z'est capable,
  Dans l' méquier qu'y fait,
D'escamoter jusqu'au diable,
  Si l' diable l' tentait ;
Par ainsi, sans épigrammes,
  Crainte d'accident,
Faut toujours, messieurs et dames,
  S' tâter en sortant.

DEUXIÈME SOIRÉE

DE CADET BUTEUX.

LA VESTALE,

POT-POURRI EN TROIS ACTES.

AIR : V'là c' que c'est qu' d'aller au bois.

L'AUT' matin, je m' disais comm' ça :
Mais qu'est-c' qu' c'est donc qu'un opéra ?
V'là qu' dans un' rue, au coin d' la halle,
J' lisons : *la Vestale.*
Faut que j' m'en régale :
C'est trois liv's douz' sous qu' ça m' coût'ra...
Un' vestale vaut ben ça.

AIR : Tous les bourgeois de Châtres.

L'heur' du spectacle approche,
J' me r'quinqu' pus vite qu' çà,

Et les sonnett's en poche,
J' courons à l'Opéra;
Mais voyant qu'pour entrer l'on s'bat dans l'antichambre,
J'me dis : Voyez queu chien d'honneur
Quand pour c'te Vestale d' malheur
J' me s'rai foulé z'un membre.

AIR du lendemain.

N' croyez pas, ma cocotte,
Qu' tout exprès pour vos beaux yeux,
J'allions, à propos d' botte,
M'fair' casser z'un' jambe ou deux;
Je r'vien'rons, n' vous en déplaise....
N' sait-on pas qu'il est d's endroits
Ou c' qu'on entre plus à l'aise
La s'conde fois?

AIR : Tarare Pompon.

J' nons pas pus tôt ach'vé,
Qu' la parole étouffée,
Par un' chienne d' bouffée
Je m' sentons soulevé;
Le déluge m'entraîne,
Et me v'là z'en deux temps,
Sans billet z'et sans peine,
Dedans.

AIR : A boire ! à boire ! à boire !

Silence ! silence ! silence !
V'là qu' la première act' commence ;
Chacun m' dit mettre chapeau bas,
Je l' mets par terre, il n' tomb'ra pas.

AIR : Il était une fille.

J' voyons un monastère
Où c'qu'une fille d'honneur
Était r'ligieuse à contre-cœur.
C'était monsieur son père
Qui, l' jour qu'il trépassa,
D' sa fille exigea ça....
Ha !...

AIR : Quoi ! ma voisine, es-tu fâchée ?

Quand aux règles du monastère
Un' fill' manquait,
On vous la j'tait tout' vive en terre
Comme un paquet.
Si la terre aujourd'hui d' nos belles
Couvrait l's abus,
J' crais ben j'aurions pus de d'moiselles
Dessous que d'sus.

Air : Dans les Gardes-Françaises.

V'là z'enfin un bel homme,
Qu'alle avait pour amant,
Qui r'vient vainqueur à Rome
Avec son régiment;
Il apprend que l' cher père
A cloîtré son objet....
Il pleure, il s' désespère;
Mais c'est comm' s'il chantait.

Air : Traitant l'Amour sans pitié.

Dans c' pays-là, par bonheur,
La loi voulait qu'on choisisse
La Vestal' la plus novice
Pour couronner le vainqueur.
« Tu r'viens comm' Mars en carême,
(Lui dit tout bas cell' qu'il aime),
« Pour r'cevoir le diadème
« Du cœur dont t'as triomphé. »
Il veut répondre, il s'arrête,
Il la r'garde d'un air bête;
Et le v'là qui perd la tête
Au moment d'être coiffé (*bis*).

Air : Bonsoir la compagnie.

Enfin,
Un serr'ment d' main

Lui dit : « Prends garde,
« On nous regarde. »
Le v'là qui se remet;
V'là qu'ell'lui met
Un beau plumet.
— A c'te nuit, j' te l' promets.
— A c'te nuit, j' te l' permets.
— Pisqu' la çarimonie,
Dit l'abbesse, est finie,
Rentrez dans vot' dortoir;
Jusqu'au revoir,
Bon soir.

AIR : A boire! à boire! à boire!

Silence! silence! silence!
V'là qu' la seconde acte commence,
Et j' vois l'enceinte du saint lieu
Avec un réchaud zau milieu.

AIR : J'arrive à pied de Provence.

On ordonne à la r'ligieuse
D'entret'nir le feu;
S'il s'éteint, la malheureuse
N'aura pas beau jeu.
A son devoir ell' s'apprête,
N'osant dir' tout haut

Qu'ell' a bien d'aut's feux en tête
Que l' feu du réchaud.

AIR : Des fraises.

La v'là seule, et dans son cœur,
Où qu' la passion s' concentre,
Elle appelle son vainqueur;
Mais que d'viendra son honneur,
S'il entre, s'il entre, s'il entre?

AIR : Du haut en bas.

— Il entrera,
S' dit-elle au bout d'un bon quart d'heure;
Il entrera,
Et puis après il sortira.
Gn'y a bien assez long-temps que j' pleure.
Du moins j'dirai,
S'il faut que j' meure :
Il est entré.

AIR : Une fille est un oiseau.

Sitôt pris, sitôt pendu;
Elle court ouvrir la porte :
L'amant que l' plaisir transporte,
Accourt, d'amour éperdu.
— Faut qu' ce soir je t'appartienne :

J'ai ta parole, t'as la mienne,
Pus d'feu, pus d' réchaud qui tienne.
— Ciel! m'arracher de c' lieu saint! —
Bref, mêm' rage les consume;
Et tandis qu' leur feu s'allume,
V'là-t-i' pas qu' l'autre s'éteint! (*bis*)

Air : Au coin du feu.

— O ciel, je suis perdue!
Dit la Vestale émue;
Gn'y a pas d' bon dieu. —
Et v'là qu' la pauvre amante
Tomb' glacée et tremblante
Au coin du feu (*trois fois*).

Air des Trembleurs.

Les cris d' la belle évanouie
Donne l'alerte à l'abbaye,
Qui s' réveill' tout ébahie :
Et l'amant qui s' sent morveux,
Voyant qu'on crie à la garde,
S'esbigne en disant : Si j' tarde,
Si j' m'amuse à la moutarde,
Nous la gobons tous les deux.

AIR : Dépêchons, dépêchons, dépêchons-nous

— Ah! mamsell', qu'avez-vous fait là!
Dit d'un' voix de tonnerre
L' révérend du monastère;
Ah! mamsell', qu'avez-vous fait là!
Vot' feu s'est éteint, mais il vous en cuira.
D'shabillez, d'shabillez, d'shabillez-la;
Son affaire
Est claire :
Qu'à l'instant même on l'enterre,
Et qu'ça, mor..., et qu'ça, mor..., et qu'ça morbleu!
L'i apprenne une aut' fois à bien souffler son feu! —

AIR des pendus.

Là d'sus on lui couv' l'estomac
D'un ling' tout noir qu'a l'air d'un sac;
L'orchest' li pince à sa manière
Un' march' à porter l' diable en terre;
Et la patiente, d' son côté,
S' dit tout bas : J' m'en avais douté.

AIR : A boire! à boire! à boire!

Silence! silence! silence!
V'là qu' la troisième acte commence.
J' vois six tombeaux, sept, huit, neuf, dix;
Qu' c'est gai comme un *De profundis*.

AIR : Au clair de la lune.

Au clair de la lune
L'amant, tout en l'air,
Sur son infortune
Vient chanter zun air,
Où c' qu'il dit : Qu'all' meure,
Et j' varrons beau train !
S'il fait nuit à c't' heure,
Il f'ra jour demain.

AIR des Fleurettes.

Mais drès que d'la Vestale
Il entend v'nir l' convoi,
Crac, le v'là qui détale...
On n' sait pas trop pourquoi.
Devant la fosse il s'arrète :
On croit que l' pauvre officier
D' chagrin va s'y j'ter l' premier ;
Mais pas si bête !

AIR : Le port Mahon est pris.

Du plus haut d' la montagne
L'enfant
Descend,
Tout l' mond' l'accompagne
Et tout bas chaq' compagne

S' dit, en allongeant l' cou :
V'là son trou, v'là son trou, v'là son trou.
Pendant l' *Miserere*
Qu'entonne m'sieu l' curé,
Blême et plus morte qu' vive,
Au bord du trou la Vestale arrive :
Tout l' monde d'mand' qu'all' vive;
L' curé répond : Nenni,
N, i, ni, c'est fini.

Air : Bonjour, mon ami Vincent.

— Ctapendant, qu'il dit, j' veux bien
Faire encor queuq' chose pour elle;
Sur c' réchaud où gn'y a plus rien
Mettez l' fichu d' la d'moiselle;
Si l' ling' brûle, on n' l'enter'ra pas;
S'il n' brûle pas, n' l'échapp'ra pas.
Vous l' voyez, aucune étincelle
N' vient contremander son trépas :
Or plus d' débats;
Du haut en bas,
Gn'y a point za dir', faut qu'ell' saute l' pas.

Air : Nous nous marierons dimanche.

— Doucement,
Dit l'amant,

Qui guettait l' moment,
Faut qu'enfin l' chap'let s' débrouille :
C'est moi qu'a tout fait;
Grac' pour mon objet,
Sinon j'ai là ma patrouille.
Par son trépas
D'un crim' vot' bras
Se souille;
Si ça n'est pas,
J' veux qu' mon damas
Se rouille.
— Mon dieu, comme il ment!
Dit la pauvre enfant;
Ni vu, ni connu, j' t'embrouille.

Air : Rlantanplan tirelire.

Vite, à moi, mon régiment!
En plein, plan,
Rlantanplan,
V'là zun enterr'ment
Qu'à l'instant
Et d' but en blanc
Il faut mettre en déroute;
Battons-nous, coût' qui coûte,
Quoique j' n'y voyons goutte. —
Mais l' régiment

Du couvent,
En plein, plan
Rlantanplan,
Qu'est pour l'enterr'ment,
Répond qu'il vers'ra son sang
Jusqu'à la dernièr' goutte.
Pendant queuqu' tems on doute
Qu'est c' qu'emport'ra la r'doute.
Au bout d'un combat sanglant
En plein, plan,
Rlantanplan,
Au lieu d' l'enterr'ment,
C'est l' régiment
De l'amant
Qui s'trouve être en déroute.

Air : Il a voulu, il n'a pas pu.

Gn'y a pas d' milieu,
Faut s' dire adieu ;
C'est-i ça qui vous l' coupe?
Rien que d' les voir,
V'là mon mouchoir
Qu'est trempé comme un' soupe.

Air : N'est-il, amour, sous ton empire.

L' pauvre agneau descend dans la tombe !.
Qu' c'est pain béni !

Sur sa tête, l'couvercle r'tombe;
V'là qu'est fini.
Pour si peu s' voir si maltraitée!
L' beau chien d' plaisir!
Et n' la v'là-t-i pas ben plantée
Pour raverdir!

AIR : Ciel! l'univers va-t-il donc se dissoudre?

Mais, patatras, v'là zun éclair qui brille;
Et l'Tout-Puissant, qui j'dis n'est pas manchot,
Pour sauver la pauvre fille,
Vous lâche un pétard qui grille
L' diable d' chiffon qui pendait sur l' réchaud.
Vive l' Père Éternel,
Qui d' son tonnerre
Arrang' l'affaire!
J' n'y comptions guère;
C'est zun coup du ciel.

AIR : Ah! mon dieu! que je l'échappe belle.

Ah! mon dieu, que je l'échappe belle!
Dit en haussant l' cou
Au-d'sus du trou
La demoiselle,
Au bon Dieu, je devons un' fier' chandelle!
Car je n' pouvons pas
M' dissimuler que j'étions ben bas.

AIR : O Filii et Filiæ.

Tant y a que l' couple s'épousa,
Et qu' chaqu' Vestal' dit, voyant ça :
Quand est-c' quautant m'en arriv'ra?
Alleluia.

TROISIÈME SOIRÉE

DE CADET BUTEUX

AU SPECTACLE DES CHIENS SAVANS.

AIR : Ton humeur est, Catherine.

HIER, j'ons vu c' te nouvell' salle,
Là zoù c' que, vantez-vous-en,
Olivier zet la Vestale
N' sont, morgué, que d' la Saint-Jean.
Pour voir d's homm' ou d's automates,
Je n'aurions, jarni, point payé;
Mais c'est d's artis's à quat' pates,
Et qui n' se mouch't pas du pié.

Qui sort de c'te toile fendue?
Une walseuse; ah, qu'elle est bien!
Mais si j' n'ons pas la berlue,
J' crais qu'elle a zun museau d' chien.

Dieu m' pardonne! à sa tournure,
Je n' l'aurions point deviné....
Si l'enfant n' sent pas la m'sure,
C' n'est pas faut' d'avoir du né.

Dans un' forêt d' chaises d' paille
Un autr' chien voudrait percer;
Comme il court, jappe et s' travaille,
A c'te fin d' la traverser!
Bref, il fait tant qu'il pénètre
D' part en part c'te muraill'-là,
Et m'est avis qu'il faut zètre
Un artis' à poil pour ça.

V'là zun soldat qui déserte;
Six chiens lui fris't les mollets...
On l' saisit, il s' déconcerte;
Zeste, on li fait son procès;
Et l' déserteur qu'on canarde,
Tomb' raid' mort d' la première main,
Comm' s'il avait, par mégarde,
Mangé zun' boulette en ch'min.

L'un s'met deux pieds en écharpe,
Et court plus vite que l' vent....

Ravel [1], avec ses sauts d' carpe,
En aurait-il fait zautant?
Un aut' vient danser l'all'mande,
Et d' tous les canich's qu'on voit,
Pas un qui, lorsqu'on l' demande,
N' sach' son rôle sur l' bout du doigt.

Et c't aut' mâtin qui s' cramponne
Sous un globe d' feu qui part....
C'est Garnerin zen personne :
Ferme au post' comme un César,
Il n' lâch'ra pas qu'on n' l'assomme,
Et dans l'occasion j' maintiens
Que c' fanfan-là n'est point zhomme
A laisser sa part aux chiens.

Mais c'est dans l'assaut d' la place
Qu'il faut les voir travailler;
Pour leur donner tant d'audace,
Comme on a dû l's étriller!
C'est pis qu' des lions, pis qu' des diables,
Quand ils sont en train zun' fois....
Parlez-moi d' soldats semblables
Pour mettre un' place aux abois!

[1] Fameux danseur de corde.

A Paris c'est zun miracle
Quand un théâtre va bien ;
Chaq' directeur de spectacle
Dit que c'est zun métier d' chien.
Mais, sans exposer sa rente,
J' crais ben qu'on peut zengager
Une troupe qui s' contente
D'avoir un os à ronger.

Gn'y a pourtant zun point qui, j'pense,
N'aurait pas dû s'oublier....
Quand une entrepris' commence,
Il est bon d' la publier ;
Et, pour piquer la pratique,
Je n' sais comment l' directeur
A la porte d' sa boutique
N'a pas mis un aboyeur.

QUATRIÈME SOIRÉE

DE CADET BUTEUX

A LA TRAGÉDIE D'ARTAXERCE.

Air des Folies d'Espagne.

Écoutez-moi, vous tous qui d'Altaxerce
N' connaissez point la tragédie en vers;
C'est, voyez-vous, un ouvrage qui perce......
L'âme d' tous ceux qui n' l'ont point à l'envers.

Air : Aussitôt que la lumière.

Dans c'te pièce gn'y a zun père
Qui d'abord, d'un air en d'sous,
Vient nous dire qu'à la guerre
Son garçon fait les cent coups,
Et qu'un jour dans un' mêlée,
Sans lui du vieux roi Xercès,
Les enn'mis auraient d'emblée
Envoyé l' fils *ad patres*.

Air : J'ons un curé patriote

Faut-il, dit-il, qu'enfin j' m'hasarde
A faire un coup digne de moi ;
V'là zassez long-temps qu' la garde
S'monte à la porte du roi ;
Sitôt qu' mon fils arriv'ra,
C'est pour lui qu'on la mont'ra,
Et Xercès (*ter*) la descendra (*ter*).

Air : Oui, je suis soldat, moi.

Oui, qu'il règne aujourd'hui,
  Maugré qu'on en glose;
Quand on s'est battu comm' lui,
  C'est ben la moindre chose. —
Sur c' mot-là son fils paraît ;
  V'là qu'Artaban l'embrasse,
Et qu' tout plein d' son beau projet,
  Il lui dit : — Cher Alsace,
J'entendons qu' tu sois roi,
  Maugré qu'on en glose ;
Quand on s'est battu comm' toi,
  C'est ben la moindre chose.

Air : Bon ! bon ! mariez-vous.

— Ah ! papa, pourriez-vous bien...
— Mais, paix donc ! faut du mystère.

— Mais, papa, c'est zun coup d' chien.
— Paix! qui n' risque rien n'a rien.
Nous, nous, nous, nous sommes six,
Qui nous chargeons d' tuer l' père;
Tu, tu, tu, tùras l' fils,
Et j'aurons l' trône *gratis*....
— Ah! papa, pourriez-vous bien...
— Mais, paix donc! faut du mystère.
— Mais, papa, c'est zun coup d' chien.
— Paix! qui n' risque rien n'a rien.

Air : J'arrive à pied de province.

V'là qu' pour faire ton commerce,
T'arrives tout chaud.
C'est qu'à la tête d' la Perse,
N' faut point zun manchot!
L' maintien de c' peuple indocile
D'mande un autre bras;
Xercès est un imbécille;
Tu lui succéd'ras.

Air du vaudeville d'Arlequin Cruello.

— Hé quoi! lorsque je m' suis battu
Contre vent et marée,
Vous voudriez voir ma vertu
Ainsi déshonorée!

Après avoir vengé mon roi,
Puni les enn'mis d' sa loi,
J'aurais l'ame assez fausse
Pour aller comm' ça d' but en blanc,
D' sa majesté percer le flanc!
Papa (*bis*), ça s'rait gâter la sauce.

Air : Sur l' port, avec Manon, un jour.

— Quand j' te dis' qu' t'es fait pour régner,
Ainsi gn'y a point à barguigner;
Songe qu'il y va de ta gloire...
— Tuer l' pèr' par-ci, tuer l' fils par-là,
Je n' vois, papa,
Pas d' gloire à ça...
L' premier vaurien
Qui m'a dit qu' je f'rais bien,
J' li ai cassé la gueule et la mâchoire.

Air : Courons d' la brune à la blonde.

Là-dessus le papa, qui s' damne,
Connaissant l' faible d' l'enfant,
Quand il d'mande à voir Mandane,
Lui dit que le roi l' défend.
— Jarni! c'est ainsi qu'il m' traite,
Dit l' jeune homme tout en feu,
Et je serions assez bête...

Non, morbleu!
Non, corbleu!
Berdi, berda,
Patati, patata;
Le papa,
Croyant qu' ça
L'irrit'ra,
L' décid'ra,
Le plant' là,
Et s'en va...
Mais l' jeune homme est honnête.

AIR : La bonne aventure.

Las d' s'avoir tant fatigué
Sans toucher son ame,
D' l'avoir ainsi harangué
Pour l' succès de sa trame,
L' papa r'vient l'air intrigué,
L'œil hagard et l' visage gai
Comme un mélodrame,
O gué,
Comme un mélodrame.

AIR : Lise épouse l' beau Gernance.

— Ah, te v'là, qu'il dit : silence,
Va-t-en... reste... la couronne...

La vengeance... c'est fini...
La nature... c'est pour toi...
On vient... c'est égal... Que dire ?
— Mais, répond l' fils étonné,
Tout c' que vous dit's là, mon père,
N'a ni rime, ni raison. —

AIR : Réveillez-vous, belle endormie.

Bref, par sa main il nous dit comme
Le roi vient d'être poignardé...
Il fallait que le pauv' cher homme
Fût ce jour-là bien mal gardé.

AIR : Du haut en bas.

— Le roi z'est mort,
Répond le jeune héros qui bisque,
Le roi z'est mort !
Ah ! papa, c'est zun peu trop fort ;
N' savez-vous pas l' danger que j' risque...
Vous n' fûtes jamais mon père, pisque
Le roi z'est mort.

AIR : Pierrot, sur le bord d'un ruisseau.

— Queu trait d' sournois ! queu rage d'enfer !
C' coup diabolique
D'viendra du tragique....
Si dans vos mains on trouve c' fer,

Vous s'rez pendu, rien n'est plus clair.
Daignez permettre
Que j'aille l' mettre
Dans certain coin
Où je n' crains pas d' témoin... —
Et crac, le v'là qui s'enfuit l'arme au poing...
Ha! ha! comme on n' le verra point!

Air : Y a d' l'ognon.

Il s'esbigne en cachette ;
Mais au bas d' la maison
Un' patrouille en vedette
Surprend l' pauvre garçon...
Y a d' l'ognon (*bis*), d' l'ognon,
D' l'ognette...
Y a d' l'ognon.
C'est lui, dit-on sur l'heure,
C'est lui qu'a tué l' patron...
Il faut, il faut qu'il meure,
Ce n' s'ra pas sans raison....
Y a d' l'ognon (*bis*), d' l'ognon,
Il pleure....
Y a d' l'ognon.

Air : A la façon de Barbari.

V'là qu'on amène l' criminel
Par devant zAltaxerce....

Mais voyez l' respect paternel !
Pas d' danger qu' rien n' transperce.
—J' vois trop qu'il n'est pas innocent,
Dit l' juge en l' chassant ;
Qui n' dit mot consent.
Et toi, ma sœur, toi dont pour lui,
Aujourd'hui
L'amour s'était encore accru,
L'euss'-tu cru ?

Air : J'ai perdu mon ane.

—Hé quoi, dit Mandane,
Vot' bouche l' condamne !
Mais j' vous dis devant témoins
Que c' n'est là, ni plus ni moins,
Qu'un jugement d'âne.

Air de Marcelin.

—Ne t'a-t-il pas sauvé le jour ?
Sans lui l' destin tranchait ta vie ;
Sans lui j' te perdais sans retour ;
La lumière t'était ravie ;
L'air qu' tu respires, tu li dois :
Si j' te r'vois, c'est lui qu'en est cause. —
Enfin la pauv' sœur aux abois,
Disait toujours la même chose.

AIR : A la papa.

—Qu' tes discours sont éloquens!....
Dit à la sœur ce bon frère :
S'rait-il revenu des camps
Pour des crim's si conséquens?
C'est des cancans.
Artaban qu'est là
Décidera l'affaire,
Et puisque le v'là,
Il va nous juger çà
A la papa,
A, à, à la papa (*bis*).

AIR : Je vous comprendrai toujours bien

N' sachant trop sur queu pied danser,
V'là zArtaban qui perd la tête.
I' d'mande la permission d' walser....
V'là zAltaxerce qui l'arrête.
Accusé du crime infernal,
Albac' paraît, tout l' monde tremble,
Et pour remplir le tribunal,
V'là l' papa tout seul (*ter*) qui s'assemble.

AIR : Quoi! vous ne me dites rien.

A l'av'nir, dit-il, mon fils,
Suivrez-vous mieux mes avis?

Qu' vous conseillait Artaban?
Souvenez-vous-en, souvenez-vous-en.
Vous avez fait des façons,
Et nous v'là jolis garçons!

AIR : Cadet Roussel est bon enfant

—Allons, dit l' prince, il faut parler.
—Allons, dit l' père, il faut parler.—
—Songe, dit l'un à n' pas r'culer.—
—Parl', dit l'autre, sans te troubler;
Si t'es innocent, j' te pardonne,
Sinon, c'est ton trépas qu' j'ordonne.—
Mais, mais, fort heureus'ment,
L' fils de Xerxès est bon enfant.

AIR : O Richard! ô mon roi!

—O mon ch' père, ô mon roi!
Qu' voulez-vous que j' vous dise?
C' n'est pas moi, non, non, c' n'est pas moi
Qu' ai fait un' pareille sottise.—
Là-d'ssus l' père interdit
Le r'garde d'un œil qui dit:
—N' vas pas faire encore un' bêtise.
—O mon ch' père, ô mon roi!

AIR : C'est un enfant.

—Veux-tu parler? réplique l' prince.
—Non, répond-il, je n' sors pas d' là.
—Nomme l' coupable, qu'on l' pince.
—S'il en faut zun, hé ben, me v'là :
Que l'on m' mène au supplice,
Ou qu'on m'ensev'lisse
Dans un cachot, *in sæcula....*
Je n' sors pas d' là (*bis*).

AIR : Si Dorilas.

—J'opinons pour qu' l'accusé meure,
Dit l' père en roulant de gros yeux.
—En c' cas-là, qu' ça soit tout à l'heure,
Dit le fils en l'vant les bras aux cieux.
—Jarni ! l'étonnant caractère !
Dit l' prince en sortant à grands pas....
V'là zun fils comme on n'en voit guère,
Un papa comme on n'en voit pas.

AIR : J' commençons à m'apercevoir.

Mais dans l' tarrible désespoir
Où l' met la mort d' son père,
Savez-vous c' qu'il va faire?
Vite, sur l' trône il va s'assoir :
V'là c' qui s'appelle

Un fils fidèle !
V'là c' qui s'appelle
Un fils, fi, fi, fidèle ;
Au lieu d' perdre l' temps en regrets,
Sur un malheur encor tout frais,
Voyez (*bis*) comme un quart d'heure après,
C' bon fils est pressé d' faire
Comme faisait son père.

AIR du ballet des Pierrots.

Mais Artaban, qui sait qu' la mode,
Quand on est roi, c'est d' boire un coup.
S'avis' d'un expédient commode
Pour s' tirer d'affair' tout à coup ;
Certain du succès d' l'entreprise,
Il s' dit tout bas : Ah, queu bonheur !
Avant qu' mon fils boiv' ma sottise,
L' cher prince aval'ra la douleur.

AIR : Nous nous marierons dimanche.

Il va pour sortir ;
Crac, il voit s'ouvrir
Deux superbes ridaux d' Perse :
Moi j' pense d'abord
Qu' c'est le lit du mort....
C'est l' couronnement d'Altaxerce.

Quel appareil !
Gn'y a zun soleil,
En face
Un p'tit buffet
Sur lequel est
Un' tasse,
Et vingt-cinq soldats,
La hall'barde au bras,
Qui r'présent l' peuple en masse

AIR : Tous les bourgeois de Châtres

L' prince allait boir' la tasse,
Quand un garde du corps
Vient lui dire qu'Albace
Fait le diable au dehors;
Qu'il a de sa prison fui zà la dérobée;
Qu'il porte partout l' fer et l' feu;
Et qu' si le roi n' se montre un peu,
Sa couronne est flambée.

AIR : Mon père était pot.

—Ah! dit Mamdane en accourant,
Qu'Albace est un fier homme!
Criant, courant de rang en rang,
Mill' zyeux! il faut voir comme,
Pour l'amour de toi,

D' sa belle et d' son roi,
Il renverse et vous perce
Jusqu'en ce palais,
Mon frère, tous les....
Tous les ennemis d' la Perse.

Air : Le saint, craignant de pécher.

Eh! t'nez, messieurs, vous l' voyez....—
Sur c' mot v'là qu'Albace
Se présente, et tombe aux pieds
D' son roi qui l'embrasse.
—Mais, dit c' bon prince au vainqueur,
J'ai toujours papa sur l' cœur....
Vers le ré, ré, ré,
Vers le gi, gi, gi,
Vers le ré,
Vers le gi,
Vers le régicide....
J' veux qu' ton bras me guide.

Air : Je n' saurais danser

—Je n' saurais l' nommer,
Non, répond-il, non morguienne!
Je n' saurais l' nommer;
Quand on devrait m'assommer:
Mais si vous pensez

Qu' la mort du roi d'mand' la sienne,
Je l'aimons assez
Pour payer les pots cassés. —

AIR : Avale, avale, avale.

Hé bien, dit le roi,
J' m'en rapporte à ta foi;
Mais c' peup' qu'est-là
Veut une autre preuve que ça.
Tu sais comment
J' prêtons ici serment?
Bois de c' flacon
Pour dissiper l' soupçon;
C'est zAltaxerce qui t' régale;
Avale, avale, avale, avale, avale, avale.... —
L'aut', qui n'en peut plus,
Dit qu' ça n'est pas de r'fus.

AIR du vaudeville du Sorcier.

L' jeune homme, auparavant que d' boire,
Jure au public qui l' contemplait,
Qu'il n'a pas fait d' brèche à sa gloire,
Qu' ses mains sont blanches comme du lait.
A c' mot, il va pour boire la tasse:
L' papa sur lui tomb' tout à coup,
Et s' résout

A boir' tout
D'un seul coup....
—Ah! dit tout le monde, queu grimace!
J' vois d' quoi zi' r'tourne; il a l' frisson....
C'est d' la poison, c'est d' la poison. (*bis*)

Air du Pas redoublé.

—Gageons, dit Mamdane en pleurant,
Qu' c'est lui qu' a tué not' père.
—Et n' me r'merciez pas, dit l' mourant,
Si j' n'ai pas tué vot' frère:
Cont' son sort on a beau r'gimber,
Jamais on n' s'y dérobe;
J' voulais la lui faire gober....
Et c'est moi qui la gobe.

Air : Cœurs sensibles, cœurs fidèles.

Altaxerce... je succombe...
Au v'nin... qu' j'allais te r'passer...
Me v'là... zun pied... dans la tombe;
L'autre... y va bientôt... passer...
Bonsoir donc.—La toile tombe
Sitôt qu'il a trépassé...
Requiescat in pace.

MES CHATEAUX EN ESPAGNE.

AIR des Triolets.

Je voudrais, pour mon entretien,
N'avoir que mille écus de rente!
Deux amis, y compris mon chien,
M'aideraient à manger mon bien,
Que confondrait avec le mien
Une douce et jeune parente...
Dieux, pour qu'il ne me manque rien,
Donnez-moi mille écus de rente!

J'aimerais pourtant beaucoup mieux
Avoir deux mille écus de rente.
Dans un boudoir délicieux,
Jusquà trente ans, quel train joyeux!
Petite cave de vin vieux
Me rajeunirait à soixante...
Oui, je le sens, pour être heureux
Il faut deux mille écus de rente.

Mais on dit que le jeune Armand
A dix mille livres de rente;
Dans un cabriolet charmant,
Il se promène mollement;
Chantant, dansant, buvant, aimant,
Il charme ainsi sa vie errante...
Bornons-nous donc décidément,
A dix mille livres de rente.

C'est pourtant un bien bel avoir
Que vingt mille livres de rente;
Ce lot comblerait mon espoir:
J'aime beaucoup à recevoir,
Et tout Paris viendrait me voir:
D'ailleurs, mon voisin en a trente...
Or, le moins que je puisse avoir,
C'est vingt mille livres de rente.

Mais pourquoi Mondor, sans parens,
A-t-il vingt mille écus de rente?
Je me marîrai ce printemps;
Dans dix ans, j'aurai treize enfans,
Car ma femme n'a que seize ans,
Et ma femme est, ma foi, charmante.
A mon tour, enfin, je prétends
Avoir vingt mille écus de rente.

Mais rien n'est tel, pour vous lancer,
Que cent mille livres de rente.
Comme cela vous fait percer!
Vous êtes certain de passer
Pour mieux écrire et mieux penser
Que tous les savans qu'on nous vante...
Je ne puis donc pas me passer
De cent mille livres de rente.

A présent me voilà jaloux
D'avoir cent mille écus de rente:
Si je les avais, entre nous,
Ce serait pour vous loger tous,
Et tenir au milieu de vous
Table splendide et permanente...
Jugez donc s'il me serait doux
D'avoir cent mille écus de rente!

AUX CONVIVES DU CAVEAU.

Mais pour moi (puis-je l'oublier!)
Il est une plus douce rente;
Voici le jour de mon quartier;
Le plaisir va me le payer;
Je vis depuis un mois entier
Dans cette espérance enivrante:
Votre Apollon est mon banquier,
Et je touche aujourd'hui ma rente.

LES CHIENS MUSELÉS.

VAUDEVILLE MORAL.

Air : J'ons un curé patriote.

Oh ! quel attirail fantasque !
Sommes-nous dans les jours gras ?
Quoi ! tous les chiens ont un masque !
—C'est pour qu'ils ne mordent pas.
—Si l'on eût su tout prévoir,
Ah ! combien on pourrait voir
De chrétiens (*bis*)
Muselés comme des chiens !
Oui, muselés comme des chiens ! } *Bis en chœur.*

Voyez-vous ce bon apôtre
A l'œil tendre, au ton mielleux,
Flattant l'un, caressant l'autre,
Et les déchirant tous deux !
Sa dent ne ménage rien.

Amis, muselez-le bien;
C'est un chien (*bis*)
Sous la forme d'un chrétien:
Oui, c'est un chien; oui, c'est un chien

Et ce triste parasite,
Faux ami, franc animal,
Qui vous dédaigne et vous quitte
Dès que vous le traitez mal!
Pour qu'il ne mange plus rien,
Amis, muselez-le bien;
C'est un chien (*bis*)
Sous la forme d'un chrétien;
Oui, c'est un chien; oui, c'est un chien.

Et ce fat dont l'ame impure,
Reniant son Créateur,
Sans frémir, de la nature
Ose blasphémer l'auteur!
Arrêtez-moi ce païen:
Amis, muselez-le bien;
C'est un chien (*bis*)
Sous la forme d'un chrétien;
Oui, c'est un chien; oui, c'est un chien.

Et ce poète à la rame,
Fier d'un succès acheté,

Qui consacre au mélodrame
Sa féconde nullité!
Pour qu'il ne déclame rien,
Amis, muselez-le bien;
C'est un chien (*bis*)
Sous la forme d'un chrétien;
Oui, c'est un chien; oui, c'est un chien.

Et cet avocat sans ame,
Acheté, vendu vingt fois,
Pour un criminel infâme
Invoquant l'appui des lois!
Pour qu'il n'invoque plus rien,
Amis, muselez-le bien;
C'est un chien (*bis*)
Sous la forme d'un chrétien;
Oui, c'est un chien; oui, c'est un chien.

Et ce bavard d'empirique,
Empoisonneur patenté,
Des drogues de sa boutique,
Infectant notre santé!
N'en déplaise à Galien,
Amis, muselez-le bien;
C'est un chien (*bis*)
Sous la forme d'un chrétien;
Oui, c'est un chien; oui, c'est un chien

Et ce Zoïle qui tue
Jusqu'au germe des talens,
Qui, chaque jour, prostitue
Et sa plume et son encens !
Pour qu'il ne morde plus rien,
Amis, muselez-le bien;
C'est un chien (*bis*)
Sous la forme d'un chrétien ;
Oui, c'est un chien ; oui, c'est un chien

Et ce fléau de la scène,
Dont l'intrépide sifflet
A Thalie, à Melpomène,
Tous les soirs donne un soufflet !
Pour qu'il ne siffle plus rien,
Amis, muselez-le bien ;
C'est un chien (*bis*)
Sous la forme d'un chrétien ;
Oui, c'est un chien ; oui, c'est un chien.

Et cet ami charitable,
Qui, d'un époux malheureux
Va, par un rapport coupable,
Sottement ouvrir les yeux.
Pour qu'il ne rapporte rien,
Amis, muselez-le bien ;

C'est un chien (*bis*)
Sous la forme d'un chrétien;
Oui, c'est un chien; oui, c'est un chien.

Et cet acteur amphatique
Dont le pas fait tout trembler,
Qui, burlesquement tragique,
Aboie au lieu de parler;
Oh! le plaisant tragédien!
Amis, muselez-le bien;
C'est un chien (*bis*)
Sous la forme d'un chrétien;
Oui, c'est un chien; oui, c'est un chien.

Et ce sot que rien n'enflamme,
Et que n'ont jamais tenté
Ni les grâces d'une femme,
Ni la croûte d'un pâté!
Nous n'en ferons jamais rien;
Amis, muselez-le bien;
C'est un chien (*bis*)
Sous la forme d'un chrétien;
Oui, c'est un chien; oui, c'est un chien.

Et ce traiteur sec et maigre,
Qui, réformant chaque plat,

Pour vin donne du vinaigre,
Et pour lièvre sert du chat!
Pour l'honneur épicurien,
Amis, muselons-le bien;
C'est un chien (*bis*)
Sous la forme d'un chrétien;
Oui, c'est un chien; oui, c'est un chien.

CONSEILS

A UNE COQUETTE.

Écoute-moi, jeune Sophie,
Non comme un ennuyeux censeur,
Mais comme un ami qui t'en prie;
Fais un effort en ma faveur,
Et réfléchis une fois dans ta vie.
Tu sais qu'il ne faut que te voir
Pour qu'à l'instant même on t'adore;
Tu consultes trop ton miroir
Pour pouvoir t'ignorer encore;
Mais ton miroir ne t'a pas dit
Que tu serais bien plus jolie,
Si tu joignais à ta folie
Plus de bon sens et moins d'esprit.
De bonne foi! comment veux-tu qu'on aime

Un jeune objet qui, tour à tour,
Accueille deux amans et leur sourit de même?
Il est aimé le premier jour,
Négligé le second, oublié le troisième.
Tes grâces, qu'embellit un aimable abandon,
Ont souvent au désir fait céder la raison;
Mais le cœur ne prend point le change;
Et tôt ou tard l'Amour se venge
Des traits qu'on lance au mépris de son nom.
Je vois dans ton fichu, qui souvent se dérange
Pour mieux montrer un sein dont tu sais le pouvoir
L'étendard sous lequel le matin je me range,
Et que, pour un plus doux, je déserte le soir;
Lorsque, sous cette mousseline,
Que le zéphir agite et soulève à son gré,
J'ai long-temps admiré cette jambe divine
Dont le contour m'a d'abord enivré,
Glacé par ton dessein, que bientôt je devine,
En riant je me dis tout bas :
Pourquoi faut-il qu'une jambe si fine
Auprès de moi perde ses pas?
Cesse donc, aimable Sophie,
De recourir à cet art imposteur
Que le besoin de plaire offrit à la laideur,
Et que doit dédaigner une femme jolie.
De la simple candeur, pour charmer, suis la loi;

La modestie est le fard d'une belle ;
Sois sensible, et surtout fidèle :
La nature a tout fait pour toi ;
Fais donc quelque chose pour elle.

IL FAUT BOIRE ET MANGER.

AIR : Ça n' dur'ra pas toujours.

DISCIPLES d'Épicure,
Suivons sans déroger
Cette loi que Nature
Sait si bien propager :
Il faut boire et manger. (*Quatre fois.*)

Puisqu'on ne voit sur terre
Qu'ennui, peine et danger,
Amis, que faut-il faire
Pour ne pas y songer?
Il faut boire et manger.

Amour, gloire, richesse,
Votre charme est léger ;
Le seul qui me paraisse
N'être pas mensonger,
C'est de boire et manger.

Lorsque notre maîtresse
S'avise de changer,
Pour narguer la traîtresse
Qui croit nous affliger,
Il faut boire et manger.

Verrait-on de ce monde
Tant d'hommes déloger?
S'ils chantaient à la ronde,
Avant de s'égorger :
Il faut boire et manger.

Mœurs, usage, costume,
Tout finit par changer ;
Il n'est qu'une coutume
Qu'on ne peut négliger :
C'est de boire et manger.

Quel est du pauvre hère
Le bonheur passager?
N'eût-il que de l'eau claire,
Et qu'un os à ronger?
C'est de boire et manger.

J'ai, par terre et sur l'onde,
Visité l'étranger ;
Dans tous les coins du monde
Où j'ai pu voyager,
J'ai vu boire et manger.

Amant, qui te disposes
A l'heure du berger,
Veux-tu de quelques roses
Voir ton front s'ombrager ?
Il faut boire et manger.

Fi du docteur maussade
Qui, pour mieux le gruger,
Soutient à son malade
Qu'il ne peut sans danger
Ni boire ni manger !

De Paris jusqu'en Chine
On aime à vendanger ;
De Rome en Cochinchine
On court au boulanger :
Il faut boire et manger.

Jusqu'à l'heure fatale
Où le noir messager,
Dans sa barque infernale,
Viendra tous nous ranger ;
Il faut boire et manger.

A MLLE ***,

SUR UN RUBAN QUE L'AUTEUR LUI AVAIT DÉROBÉ.

Christine, à vos genoux, vous voyez un coupable;
L'auteur d'un vol bien grand... Je crains votre courroux;
Cependant ce larcin, ce vol impardonnable,
Consiste en un ruban; mais il était à vous!
Quel diadème, à ce titre si doux,
A ce ruban chéri peut être comparable?
On devine aisément quel en est la couleur :
Christine, vous l'aimez, et personne n'ignore,
Que le rose toujours fut la couleur de Flore.
Pour son éclat, pour sa fraîcheur,
On rapporte qu'Hébé le chérissait encore;
Vous avez conservé les goûts de votre sœur.
Je ne sais dans votre parure
Quelle place occupait ce turban fortuné;
Mais soit que par vos mains en ruban façonné,
Captivant les trésors de votre chevelure,

D'une jeune sultane à notre œil étonné
Il retraçât en vous la charmante tournure,
Ou bien qu'en nœuds brillans dans ses jolis contours
Il nuançât les lys d'un sein qu'on idolâtre,
Ou, plus heureux encor, qu'il caressât l'albâtre
D'une jambe arrondie, ouvrage des Amours,
Sa place près de vous était digne d'envie,
Et pour la posséder j'aurais donné ma vie.
Mais ce bonheur n'était pas fait pour moi,
Et, d'un fatal désir trop coupable victime,
Je pense encor, non sans effroi,
A l'énormité de mon crime.
Mais quand sur vous mes regards attachés
Attestent dans mon sein le feu qui me tourmente,
Lorsque ma bouche amoureuse et brûlante
Ne peut même effleurer vos charmes trop cachés,
Quand bientôt par un autre (ô pensée accablante !)
Ils me seront peut-être à jamais arrachés,
Pouvez-vous m'envier la douceur consolante
De caresser au moins ce qui les a touchés?
Mais à votre courroux si ce larcin m'expose,
Si ce ruban vous était précieux,
Pour ne pas vous déplaire, oui, j'atteste les dieux,
Que j'aurais mieux aimé vous voler autre chose.

COUPLETS

FAITS EN SOCIÉTÉ AVEC M. MOREAU,

POUR LA FÊTE DE M. CHAUVEAU-LAGARDE.

AIR : Eh ! voilà la vie.

Lorsqu'en c' jour de fête
Tout m'impos' la loi
D' faire un' chansonnette,
Trop heureux, ma foi,
Si Chauveau-Lagarde
La garde, (*bis*)
Si Chauveau la garde
Pour se souv'nir de moi.

Chez Thémis charmée,
C't appui d's innocens
Doit sa renommée
A ses seuls talens,

Et Chauveau-Lagarde
    La garde, (*bis*)
Et Chauveau-Lagarde
La gardera long-temps.

Voit-il une fille?
Notre ami, soudain,
Sur elle en bon drille
Jette le grapin;
Et Chauveau-Lagarde
    La garde, (*bis*)
Et Chauveau la garde
Jusques au lendemain.

Gn'y a jamais d' dispute
Chez ce luron-là,
Et dans aucun' lutte
Personn' n'appell'ra
Chez Chauveau-Lagarde
    La garde, (*bis*)
Chez Chauveau la garde
Pour mettre le holà!

Gn'y a-t-il un' couronne
Pour l' talent l' plus beau,
Chacun l'ambitionne;
Mais l' dieu du barreau

Pour Chauveau-Lagarde
    La garde, (*bis*)
Pour Chauveau la garde,
La garde pour Chauveau.

A-t-il une pièce
De vin vieux exquis,
En cave il la laisse
Pour doubler son prix;
Et Chauveau-Lagarde
    La garde, (*bis*)
Et Chauveau la garde
Pour ses meilleurs amis.

C'est pour l'innocence
Et lætitiam
Qu'il r'çut l'existence;
Amis, *utinam*
Que Chauveau-Lagarde
    La garde, (*bis*)
Que Chauveau la garde
In vitam æternam!

LE CARILLON BACHIQUE.

AIR : Et zig et zig, et zig et zog, et fric, et fric et froc.

(Tous les convives doivent trinquer en mesure à chaque refrain.)

Et tic, et tic et tic, et toc, et tic,
et tic et toc ;
De ce bachique tintin
Vive le son argentin } *Bis.*

De la harpe enchanteresse,
Du clavier qu'une main presse,
Le charme entraîne et séduit.
Mais, chers convives, je nie
Qu'il existe une harmonie
Plus touchante que ce bruit :

Et tic, et tic et tic, etc.

Le premier buveur d'eau claire
Qui tira des sons d'un verre,

Contre Bacchus forniqua;
Et pour moi, qui ne m'éveille
Qu'aux glouglous de la bouteille,
Voici mon harmonica :

Et tic, et tic et tic, etc.

C'est à tort que de sa lyre
Orphée exerça l'empire
Pour séduire Lucifer;
Ce seul bruit, rempli de charmes,
Eût attendri jusqu'aux larmes
Tous les diables de l'enfer.

Et tic, et tic et tic, etc.

D'une syrène à la mode
Qu'on admire la méthode,
L'art et le goût infinis.
Des deux verres en cadence
L'admirable discordance
Vaut trente Catalanis.

Et tic, et tic et tic, etc.

Du Très-Haut les saints ministres,
Avec leurs cloches sinistres,

Effarouchent les mortels.
Mais si l'heure des prières
S'annonçait au bruit des verres,
Quelle affluence aux autels !

Et tic, et tic et tic, etc.

Combien je t'aime, ô fougère !
Lorsque, discrète et légère,
Tu sers de trône aux plaisirs ;
Ou quand, fragile et sonore,
Par le jus qui te colore
Tu ranimes nos désirs !

Et tic, et tic et tic, etc.

Au choc redoublé du verre,
Le vieillard au front sévère
Se déride, reverdit ;
Et la belle qu'on adore
Paraît plus piquante encore,
Quand avec elle on a dit :

Et tic, et tic et tic, etc.

La peste soit du bélitre
Qui le premier de la vitre

Fonda le maudit abus?
Il nous ôte par fenêtre
Trente verres que peut-être
Aujourd'hui nous aurions bus.

Et tic, et tic et tic, etc.

Vingt juifs (que le diable emporte!)
Sont consignés à ma porte,
Peut-être à la vôtre aussi.
Mais, ma foi, je me résigne,
Et lèverai la consigne,
Dès qu'ils sonneront ainsi :

Et tic, et tic et tic, etc.

O vous! poissons, volatiles,
Quadrupèdes et reptiles,
Combien vous devez pester,
Quand le hasard vous rassemble!
Vous avez beau boire ensemble,
Vous ne pouvez pas chanter :

Et tic, et tic et tic, etc.

Gloire au soldat intrépide
Qu'à l'honneur le tambour guide!

Mais je n'en suis point jaloux :
Rlantanplan répand l'alarme ;
Tic, tic, toc a plus de charme.
Or, mes amis, chantons tous :

Et tic, et tic et tic, et toc, et tic, et tic et toc ;
De ce bachique tintin
Vive le son argentin !

LE CODE ÉPICURIEN.

Air : Quand Biron voulut danser.

Article Ier.

Santé, joie, *et cætera*, } *bis*
A qui ces statuts lira : }
C'est du divin Épicure,
La morale toute pure,
Et remise à neuf } *bis*
Pour mil huit cent neuf.[1] }

Art. II.

Ordre à tout Épicurien
De ne s'affliger de rien ;
Fils heureux de la Folie,
Rien n'aura droit, dans la vie,
De le chagriner,
Qu'un mauvais dîner.

[1] Époque où cette chanson a été faite.

ART. III.

Dès que son printemps viendra,
L'Épicurien aimera,
Mais jamais d'ardeur fidelle;
Attendu que chaque belle
 Doit, en fait d'amour,
 Réclamer son tour.

ART. IV.

Lui défendons toutefois
De changer avant un mois;
Et si la Parque traîtresse
Vient lui ravir sa maîtresse,
 Il la pleurera...
 Le moins qu'il pourra.

ART. V.

S'il naît de ce doux lien
Un petit Épicurien,
De peur qu'il ne dégénère
Des qualités de son père;
 Ordre à l'innocent
 De boire en naissant.

Art. VI.

L'Épicurien, des autels
Fuira les nœuds *éternels*,
Attendu que ce qu'on aime
Ne peut, fût-ce Vénus même,
Paraître charmant
Éternellement.

Art. VII.

D'une femme, quand l'époux
Sera quinteux et jaloux,
L'Épicurien, de la belle,
Embrassera la querelle,
Et la vengera
Le mieux qu'il pourra.

Art. VIII.

Ordonnons que, le matin,
Quiconque aura soif ou faim
Se contente d'une pinte
Et d'un jambonneau, de crainte
Que le déjeûner
Ne nuise au dîner.

Art. IX.

S'il se trouvait un voisin
A la jalousie enclin,
Il sera réputé traître;
Mais nous lui permettrons d'être
Jaloux de celui
Qui boit plus que lui.

Art. X.

L'Épicurien qu'un censeur
Blâmera d'être buveur,
A son style maigre et fade
Jugeant son esprit malade,
Doit, par charité,
Boire à sa santé.

Art. XI.

L'Épicurien se dira,
Quand sa tête blanchira :
« Dois-je à l'heureuse jeunesse
« Reprocher sa folle ivresse?
« Ne crions pas tant,
« J'en ai fait autant. »

ART. XII.

Quand son heure sonnera,
Sur sa tombe on inscrira :
Ci-gît un fils d'Épicure,
Qui, malgré dame Nature,
Certe, aurait vécu
Plus... s'il avait pu.

ART. XIII.

Fait au temple où, chaque jour,
Épicurien tient sa cour;
Publié ce vingt décembre,
Au banquet de la grand'chambre,
Par-devant Comus,
Bacchus et Momus.

EN ATTENDANT.

AIR : *Chansons, chansons.*

AMIS, c'est en vain que je guette
Quelque refrain de chansonnette
Qui soit mordant ;
A mes désirs le temps s'oppose ;
Je vais donc chanter autre chose
En attendant.

S'il est plus d'un auteur qu'on cite,
Quoiqu'il n'ait encor qu'un mérite
Peu transcendant,
C'est que souvent ces bons apôtres
Ont emprunté l'esprit des autres
En attendant.

Hortense, fillette égrillarde,
Attend de Brive-la-Gaillarde
Un prétendant :
Il arrive, il épouse Hortense :

Elle avait perdu… patience
En attendant.

Purgon conseille à son malade
D'avaler force limonade,
Force chiendent ;
Le printemps lui rendra la vie…
Mais le cher docteur l'expédie
En attendant.

Damis a fait cinquante pièces
Par le public mises en pièces ;
Et l'imprudent,
Comptant toujours sur la prochaine,
Se fait siffler chaque semaine
En attendant.

Contre un banquier très honnête homme,
Dont la faillite nous assomme,
On va plaidant :
Le débiteur fait bonne chère ;
Le créancier meurt de misère
En attendant.

L'autre jour la jeune Céphise
Épouse un reître à barbe grise…

Quel accident !
A sa quatre-vingtième aurore
La pauvre enfant était encore
En attendant.

Midas, que l'amour-propre gonfle,
Fait des vers où le public ronfle ;
Et le pédant,
Visant au temple de mémoire,
A Charenton porte sa gloire...
En attendant.

O divin Molière ! ô mon maître !
Quand de toi verrons-nous renaître
Un descendant ?
Hélas ! depuis la dernière heure,
Thalie en deuil soupire et pleure,
En attendant.

Mais tandis qu'ici je m'amuse,
Contre nous, je vois la camuse
Armer sa dent...
Amis, sous le myrte et la treille,
Caressons fillette et bouteille,
En attendant.

L'ÉLOGE DU LONG,

EN RÉPONSE A L'*ÉLOGE DU ROND*, PAR M. DE PIIS.

Air : Gn'y a que Paris (des *Poètes sans souci*

En l'honneur de notre patron,
Je ne sais quelle chanson faire...
Mais Piis a chanté le rond;
Or, le plus court, dans cette affaire,
Ma foi, c'est de chanter le long;
Et flon, flon, flon, } *Bis*.
Vive le long!

Sur tous les vins, c'est au Bordeaux
Que je donne la préférence;
Et le rouge dieu des tonneaux,
Pour signaler son excellence,
L'honora d'un bouchon plus long:
Et flon, flon, flon,
Vive le long!

Lorsque les objets vus de loin
N'offrent plus d'images bien nettes;
Lorsqu'un invincible besoin
Nous prescrit de porter lunettes,
Qu'il est doux d'avoir un nez long!
Et flon, flon, flon,
Vive le long!

Quand La Fontaine, malgré lui,
Cheminait vers l'Académie,
Pressentant l'éternel ennui
De cette séance ennemie,
Il prenait toujours le plus long!
Et flon, flon, flon,
Vive le long!

Pour être partout admiré,
Pour être au dessus des menaces,
Pour être insolent à son gré,
Pour envahir toutes les places;
Il ne faut qu'avoir le bras long...
Et flon, flon, flon,
Vive le long!

Je tire l'épée un matin;
Mon rival était un Saint-George;

Et le fer pointu du mâtin
Allait me traverser la gorge,
Quand par bonheur le mien plus long...
Et flon, flon, flon,
Vive le long !

De sa maison qu'un vieil époux
Ne s'absente qu'une semaine,
Pour sa tendre épouse, entre nous,
Mes amis, ce n'est pas la peine ;
Mais qu'il prenne un congé plus long...
Et flon, flon, flon,
Vive le long !

Quel plaisir de passer la nuit
Dans les bras de celle qu'on aime !
Mais, par malheur, ce plaisir fuit
Avec une vitesse extrême...
Tendre Amour, fais qu'il soit plus long !
Et flon, flon, flon,
Vive le long !

Sur le long, mes amis, voici
Tout ce qu'en gros ma muse enfante ;
Souffrez que je m'arrête ici...
Vive le court lorsque je chante !

Mais quand vous chantez tous en rond,
Et flon, flon, flon,
Vive le long!

RONDE PROPHÉTIQUE.

AIR : Lon, lan, la.

QUEL est, pour ma chansonnette,
Le refrain qui conviendra?
Est-ce ma tanturlurette,
Ou flon, flon, tourlourifa?
C'est lon, lan, la,
Landerirette;
C'est lon, lan, la,
Et m'y voilà. *Bis en chœur.*

L'époux que chérissait Laure,
L'autre matin expira :
Un noir chagrin la dévore...
Mais Dorval la suit déjà;
Et lon, lan, la,
Huit jours encore,
Et lon, lan, la,
Laure rira.

Honteux de sa rouge trogne,
Lorsque Guillot jurera
Que le Bordeaux, le Bourgogne
Plus ne le renversera...
Et lon, lan, la,
Serment d'ivrogne;
Et lon, lan, la,
Guillot boira.

Qu'à belles dents on déchire
Ce que Voltaire enfanta,
Mahomet, Brutus, Zaïre,
La Pucelle, *et cætera;*
Et lon, lan, la,
A la satire,
Et lon, lan, la,
Il survivra.

Du perron, ancien pirate,
Sans pudeur Grapin vola;
Et sur sa dure omoplate,
Plus d'un bâton se brisa;
Et lon, lan, la,
Il rampe, il flatte;
Et lon, lan, la,
Il parviendra.

De Rose, assiégez les charmes,
Crac, on s'évanouira;
Donnez-lui de l'eau des Carmes,
Zeste, on s'épanouira;
    Et lon, lan, la,
    Une ou deux larmes,
    Et lon, lan, la,
    On se rendra.

Un censeur plein d'amertume
Toujours vous déchirera;
Sa main, comme sur l'enclume,
Sur vos défauts pèsera;
    Et lon, lan, la,
    Graissez sa plume,
    Et lon, lan, la,
    Il glissera.

La riche et vieille Laurence
Croit que Damis l'aimera;
Mais Damis, en conscience,
Fera-t-il cet effort-là?
    Et lon, lan, la,
    Qu'elle finance,
    Et lon, lan, la,
    Il le fera.

Le vieux Mondor à la banque
Doit le coffre fort qu'il a,
Et tous les jours il le flanque,
De fonds qu'il centuplera;
Et lon, lan, la,
Que rien n'y manque,
Et lon, lan, la,
Il manquera.

Paul demain livre au parterre
Un drame qu'on sifflera;
Mais du monde littéraire
En vain il disparaîtra,
Et lon, lan, la,
Chez le libraire,
Et lon, lan, la,
Il restera.

Mais il est temps de me taire;
Allons, ma muse, alte-là...
Si le public, trop sévère,
Blâme cette ronde-là,
Et lon, lan, la,
Il peut en faire...
Et lon, lan, la,
Ce qu'il voudra.

AVANT ET APRÈS.

Air : Tarare Pompon.

Entonnons, en buvant,
Notre joyeuse antienne ;
Mais souffrez que la mienne,
Amis, se chante *avant*.
Heureux si l'assemblée,
Riant à mes couplets,
Les applaudit d'emblée
Après !

L'amour, le plus souvent,
N'est qu'un moment d'ivresse !
Près de jeune maîtresse
En vain on brûle *avant*.
Pour que notre cœur aime,
Et que ses feux soient vrais,
Il doit brûler de même
Après.

A peine en arrivant
Fleur d'amour est cueillie;
Que fillette est jolie
Une minute *avant!*
Dans l'amoureuse lutte,
Que d'esprit, que d'attraits!
Mais gare la minute
D'après!

Nuit et jour écrivant,
Chaque fois que Valère
Livre un drame au parterre,
Il est tout fier *avant;*
Sa contenance atteste
L'espoir d'un plein succès...
Mais comme il est modeste
Après!

Au sortir du couvent
L'hymen enchaîne Laure :
La belle était encore
Un ange une heure *avant;*
Mais un bruit effroyable
Suit le calme de près,
Et notre ange est un diable
Après.

Hypocrite savant,
Qu'un de ses parens meure,
Paul se désole et pleure
Huit ou dix mois *avant;*
Mais devant l'héritage,
Insultant aux cyprès,
Comme il se dédommage
Après!

D'une tête à l'évent
Dorante fait emplette;
Il sait que la coquette
Fit parler d'elle *avant:*
Mais l'indulgent Dorante
Aura château, laquais...
Puis arrive qui plante
Après!

Amis, en bien buvant,
Etourdissons la Parque;
Moquons-nous de sa barque,
Et rions bien *avant:*
Fût-elle à notre porte,
Mangeons chaud, buvons frais,
Et qu'elle nous emporte
Après.

PARIS EN MINIATURE.

VAUDEVILLE.

Air du vaudeville du Sorcier.

Amour, mariage, divorce,
Naissances, morts, enterremens,
Fausses vertus, brillante écorce,
Petits esprits, grands sentimens,
Dissipateurs, prêteurs sur gages,
Hommes de lettres, financiers,
        Créanciers,
        Maltôtiers
        Et rentiers,
Tièdes amis, femmes volages;
Riches galans, pauvres maris...
        Voilà Paris. (*Quatre fois.*)

Là, des commères qui bavardent,
Là, des vieillards; là, des enfans;

Là, des aveugles qui regardent
Ce que leur donnent les passans;
Restaurateurs, apothicaires,
Commis, pédans, tailleurs, voleurs,
Rimailleurs,
Ferrailleurs,
Aboyeurs,
Juges de paix et gens de guerre,
Tendrons vendus, quittés, repris...
Voilà Paris.

Maint gazetier, mainte imposture,
Maint ennuyeux, maint ennuyé,
Beaucoup de fripons en voiture,
Beaucoup d'honnêtes gens à pié,
Épigrammes, complimens fades,
Vaudevilles, sermons, bouquets,
Et ballets,
Et placets,
Et pamphlets,
Madrigaux, contes bleus, charades,
Vers à la rose, pots-pourris...
Voilà Paris.

Ici, des fous qui se ruinent,
Ici, d'avides grapilleurs,

Et plus loin, d'autres fous qui dînent,
Quand on va se coucher ailleurs.
Là, jeunes gens portant lunettes,
Là, vieux visages rajeunis,
Bien munis,
Bien garnis
De vernis;
Acteurs vantés, marionnettes,
Grands mélodrames, plats écrits...
Voilà Paris.

Hôtels brillans, places immenses,
Quartiers obscurs et mal pavés,
Misère, excessives dépenses,
Effets perdus, enfans trouvés,
Force hôpitaux, force spectacles,
Belles promesses sans effets,
Grands projets,
Grands échecs,
Grands succès;
Des platitudes, des miracles,
Des bals, des jeux, des pleurs, des cris...
Voilà Paris.

CINQUIÈME SOIRÉE

DE CADET BUTEUX

A LONGCHAMP.

AIR : La plus belle promenade.

La plus belle promenade
Est de Paris à Longchamp ;
Tout' la ville y est en parade,
Trottant, roulant ou marchant ;
Autrefois, au son des cloches,
Ce ch'min m'nait dans un saint lieu ;
A c't heure on fait des bamboches
Où c' qu'on allait prier Dieu.

AIR : Et flon, flon, flon.

C'est là qu'la mijaurée
En plein va s'étaler :
Suzon la délurée
Y trouv' à qui parler.

Eh flon, flon, flon, la veuve éplorée,
Et gai, gai, gai, va s'y consoler.

Air : Ah! de quel souvenir affreux!

Qu'est-c' qu' c'est donc que c' tendron voilé
Qui jou' d' la prunelle sous cape?
Dans son char le v'là z'envolé
Comme un sansonnet qui s'échappe.
V'là qu'sa main vient, sans y penser,
De r'lever son voile modeste.
Jarni! si l' char vient à varser,
La pauvre enfant risque d' casser
La derniér' dent qui lui reste.

Air : Trouverez-vous un parlement?

Voyez-donc c't aut' gros enflé-là;
Depuis trois ans il fait l' négoce.
Ah! jarni, l' bon métier que v'là,
Puisqu'on y roul' sitôt carrosse!
Il a pourtant fait trois faux pas...
D'où c' que sans peine on peut conclure
Que l'honneur n'est, en pareil cas,
Qu'la cinquièm' roue à la voiture.

Air : Le Port Mahon est pris.

V'là z'un' belle amazone...
Eh mais oui-dà...

C'est elle en parsonne.
Où qu' tu vas donc, mignonne,
Avec c' grand dadais-là,
A dada, à dada, à dada?
Paix donc, m' dit un passant...
C'te dame est un' ci-d'vant...
Oui, ci-devant blanchisseuse;
J' ly conseillons d' fair' sa dédaigneuse!
Gar' là, qu' sur sa baigneuse
J' ly r'passions un savon,
Et zon, zon, zon,
Allez donc.

Air du Pas redoublé.

Et toi, p'tit muscadin pimpant,
A la min' éventée,
Qui vas à tout' brid' galoppant
Sur un' jument prètée;
Sans peine j' devinons, malin,
Au train dont tu la pousses,
Qu' tu crains qu' les Anglais de c' matin
N' soient encore à tes trousses.

Air : Amusez-vous, jeunes fillettes.

V'là tout là-bas un' nymph' qu'est faite
Comm' l'Apollon du Belvéder;

Et tout' ces plumes sur sa tête
N' laiss' pas que d' ly donner bon air.
Sa voix pourtant est un brin rauque...
Elle approche... A ses r'gards pâmés,
J' vois qu' sa coiffure est la défroque
D' tous les dindons qu'elle a plumés.

AIR : Du haut en bas.

Du haut en bas
Alle a tout d' même assez bonn' grâce;
Du haut en bas
J'allumons d' l'œil tous ses appas.
Ah, jarni! v'là l' lacet qui casse,
Et tout son embonpoint qui passe
Du haut en bas.

AIR : Ton humeur est, Catherine.

Mais en trottant d' belle en belle,
Ventregué! je n' voyais pas
C'te superbe ribambelle
D'équipages qui vont l' pas;
C'est des amis qui, sans doute,
Ce soir n' voulont pas s' quitter;
Car, de peur de s' perdre en route,
Ils s' sont fait numéroter.

AIR : Jeunes filles, jeunes garçons.

L's honnêt' gens qui n'ont pas l'honneur
D'avoir un carrosse à leur ordre,
Pour mieux jouir de tout c' biau désordre,
Ayant cru d'voir dîner par cœur,
Y gobent pour se r'faire
D'la poussière à gogo;
Puis l' verre de coco
Vient z'humecter l' gâteau
De Nanterre.

AIR : Tout le long de la rivière.

Mon Dieu! que v'là d' monde arrivant
Et par derrière et par devant!...
Par ici d's amans qui s' chamaillent,
Par là des vieux époux qui bâillent,
Des ch'vaux, des àn's au milieu d'çà;
Puis, pour égayer c' tableau-là,
Le sabre en main, v'là la maréchaussée,
Galoppant,
Frappant
Le long de la chaussée,
Tout le long, le long de la chaussée.

Air des Pierrots

Bref, au milieu de tant d' merveilles,
C' que j'avons remarqué le mieux,
C'est un train à fendre l's oreilles,
Un' poussière à crever les yeux.
Bell's, dont l's époux d'humeur maussade
N' font qu' tarabuster vos amours,
Envoyez-les à c'te promenade;
Ils en r'viendront aveugl's et sourds.

LE PETIT GARGANTUA.

RONDE GOURMANDE.

Air : Quand on sait aimer et plaire

Quand on sait manger et boire,
A-t-on besoin d'autre bien?
Sans son ventre et sa mâchoire,
Le plus riche n'aurait rien.

La table, amante fidèle,
Eut notre premier désir,
Et du vieillard qui chancèle,
Elle est le dernier plaisir.

Quand on sait manger et boire,
A-t-on besoin d'autre bien?
Sans son ventre et sa mâchoire,
Le plus riche n'aurait rien.

D'une science importune
Le pédant se targue en vain;
Où le traiteur fait fortune,
Le libraire meurt de faim.

Quand on sait manger et boire,
A-t-on besoin d'autre bien?
Sans son ventre et sa mâchoire,
Le plus riche n'aurait rien.

Les noms si beaux de Corneille,
Démosthène et Scipion,
Sonnent moins à mon oreille
Que celui d'Amphytrion.

Quand on sait manger et boire,
A-t-on besoin d'autre bien?
Sans son ventre et sa mâchoire,
Le plus riche n'aurait rien.

Pauvre au sein de l'abondance,
Midas, Tantale nouveau,
Eût troqué son opulence
Contre un plat de fricandeau.

Quand on sait manger et boire,
A-t-on besoin d'autre bien?

Sans son ventre et sa mâchoire,
Le plus riche n'aurait rien.

Si de l'amoureux manége
La fatigue me séduit,
C'est qu'elle a le privilége
De tripler mon appétit.

Quand on sait manger et boire,
A-t-on besoin d'autre bien?
Sans son ventre et sa mâchoire,
Le plus riche n'aurait rien.

A parcourir les deux mondes
Colomb en vain s'illustra;
Amis, des machines rondes,
La plus belle, la voilà [1].

Quand on sait manger et boire,
A-t-on besoin d'autre bien?
Sans son ventre et sa mâchoire,
Le plus riche n'aurait rien.

Le chagrin, la sombre envie,
Mangent peu, n'engraissent point;

[1] En se frappant le ventre, ou celui de son voisin, si le chanteur est maigre.

Mais la bonté, la folie,
Ont pour cachet l'embonpoint.

Quand on sait manger et boire,
A-t-on besoin d'autre bien?
Sans son ventre et sa mâchoire,
Le plus riche n'aurait rien.

Si Jean-Jacques eut l'humeur aigre,
Si Panard ne boudait pas,
C'est que Jean-Jacques était maigre,
C'est que Panard était gras.

Quand on sait manger et boire,
A-t-on besoin d'autre bien?
Sans son ventre et sa mâchoire,
Le plus riche n'aurait rien.

Élevons, dans cette enceinte,
Une statue à Comus;
Et, pleins d'une ferveur sainte,
Gravons-y cet *oremus* :

Quand on sait manger et boire,
A-t-on besoin d'autre bien?
Sans son ventre et sa mâchoire,
Le plus riche n'aurait rien.

Que la statue embaumée
Protége nos gais festins,
Et s'anime à la fumée
Et des sauces et des vins.

Quand on sait manger et boire,
A-t-on besoin d'autre bien?
Sans son ventre et sa mâchoire,
Le plus riche n'aurait rien.

Qu'enfin en vapeur épaisse
L'encens monte vers les cieux,
Et porte ce cri d'ivresse
Jusqu'à la table des dieux :

Quand on sait manger et boire,
A-t-on besoin d'autre bien?
Sans son ventre et sa mâchoire,
Le plus riche n'aurait rien.

LE RETOUR DE L'HIVER.

AIR : Chantons les matines de Cythère.

Faisons nos adieux à la verdure
Qui favorisa nos gais loisirs,
Et charmons le deuil de la Nature,
Par l'attrait de mille autres plaisirs.

Le plaisir ne fond-il pas les glaces
Du farouche hiver et des vieux ans :
Et partout où paraissent les grâces,
Ne retrouve-t-on pas le printemps?

Faisons nos adieux à la verdure
Qui favorisa nos gais loisirs,
Et charmons le deuil de la Nature
Par l'attrait de mille autres plaisirs.

L'arbre jaunissant va de ses feuilles
Nous retirer l'ombrage léger ;
Mais, Suzon, la grappe que tu cueilles
Saura bien nous en dédommager.

Faisons nos adieux à la verdure
Qui favorisa nos gais loisirs,
Et charmons le deuil de la Nature
Par l'attrait de mille autres plaisirs.

Sous le domino de la Folie,
Le dieu malin, cachant son carquois,
Attaque et soumet la plus jolie :
Que fait-il de plus au fond du bois?

Faisons nos adieux à la verdure
Qui favorisa nos gais loisirs,
Et charmons le deuil de la Nature
Par l'attrait de mille autres plaisirs.

Lise, sur la neige éblouissante,
Offre-t-elle à nos yeux moins d'appas?
Et là, comme sur l'herbe naissante,
Ne peut-elle pas faire un faux pas?

Faisons nos adieux à la verdure
Qui favorisa nos gais loisirs,
Et charmons le deuil de la Nature
Par l'attrait de mille autres plaisirs.

Un joli sein, quand le schall s'entr'ouvre,
Charme en été les yeux de chacun :
Mais la palatine qui le couvre
Ne s'écarte en hiver que pour un.

Faisons nos adieux à la verdure
Qui favorisa nos gais loisirs,
Et charmons le deuil de la Nature
Par l'attrait de mille autres plaisirs.

Tandis qu'Orgon, oubliant sa femme,
Pleure au coin du feu l'argent qu'il perd,
Un *lieutenant* fait rire madame
Pour égayer son quartier d'hiver.

Faisons nos adieux à la verdure
Qui favorisa nos gais loisirs,
Et charmons le deuil de la Nature
Par l'attrait de mille autres plaisirs.

En hiver, sous la voûte éthérée,
La foudre jamais ne murmura;
Et qui craint le souffle de Borée,
Retrouve Zéphir à l'Opéra.

Faisons nos adieux à la verdure
Qui favorisa nos gais loisirs,
Et charmons le deuil de la Nature
Par l'attrait de mille autres plaisirs.

Quittons Cérès pour Iphigénie,
Le garçon de ferme pour Pasquin,
Les saules pleureurs pour Mélanie,
Et les mérinos pour Arlequin.

Faisons nos adieux à la verdure
Qui favorisa nos gais loisirs,
Et charmons le deuil de la Nature
Par l'attrait de mille autres plaisirs.

Si les fruits dont l'été nous régale
Sont ravis à nos frians transports,
Pour nous consoler, amis, Cancale
De son sein nous ouvre les trésors.

Faisons nos adieux à la verdure
Qui favorisa nos gais loisirs,
Et charmons le deuil de la Nature
Par l'attrait de mille autres plaisirs.

Non, jamais vents, grêle, pluie et neige
N'auront le droit de nous alarmer,
Tant que nous aurons le privilége
De chanter, et de boire et d'aimer

Faisons nos adieux à la verdure
Qui favorisa nos gais loisirs,
Et charmons le deuil de la Nature
Par l'attrait de mille autres plaisirs.

IL FAUT RIRE.

CHANSONNETTE.

AIR : Turlurette, ma tanturlurette

Janvier recommence encor
Et nous retrouve d'accord :
Gaîté, viens monter ma lyre ;
Il faut rire...
Il faut rire, *Chorus.*
Rire et toujours rire.

Fidèles à notre plan,
Depuis le premier de l'an
Jusqu'à l'heure où l'on expire,
Il faut rire...
Il faut rire,
Rire et toujours rire.

L'an qui fuit ne revient plus :
Mais nos regrets superflus
Ne pouvant le reproduire,
Il faut rire...
Il faut rire,
Rire et toujours rire.

L'hiver nous glace aujourd'hui ;
Mais en songeant qu'après lui
Un nouveau printemps va luire,
Il faut rire...
Il faut rire,
Rire et toujours rire.

Tant que nous aurons des yeux
Pour voir minois gracieux,
Taille fine et doux sourire,
Il faut rire...
Il faut rire,
Rire et toujours rire.

Tant que nous aurons des dents
Et des repas abondans,
De nos goûts dût-on médire,
Il faut rire...
Il faut rire,
Rire et toujours rire.

Tant que la foudre en éclats
Dans nos caves n'ira pas
Tourner le vin qu'on en tire,
Il faut rire...
Il faut rire,
Rire et toujours rire.

Tant qu'un merveilleux blondin
Sifflera Georges Dandin
Avant de savoir écrire,
Il faut rire...
Il faut rire,
Rire et toujours rire.

Tant que, voyant ses monts d'or,
La jeune Agnès à Mondor
Dira : *Pour vous je soupire!*
Il faut rire...
Il faut rire,
Rire et toujours rire.

Tant qu'un sot et vieux barbon
Dira, croira tout de bon
Qu'à sa femme il peut suffire,
Il faut rire...
Il faut rire,
Rire et toujours rire.

Tant qu'un médecin savant
Au nombre des ci-devant
Ne viendra pas nous inscrire,
Il faut rire...
Il faut rire,
Rire et toujours rire.

Dût-il en un tour de main
Nous expédier demain,
En entrant au sombre empire
Il faut rire...
Il faut rire,
Rire et toujours rire.

Sûrs d'y rencontrer Favart,
Vadé, Piron et Panard,
Le moyen de ne pas dire :
Il faut rire...
Il faut rire,
Rire et toujours rire.

Avec eux dansant en rond,
Aux échos de l'Achéron
Que nos chants fassent redire :
Il faut rire...
Il faut rire,
Rire et toujours rire.

Que l'infernal souverain,
Brisant son sceptre d'airain,
Avec nous chante en délire :
Il faut rire...
Il faut rire,
Rire et toujours rire.

Par cet exemple entraînés,
Que les diables aux damnés
Disent : c'est trop long-tems frire :
Il faut rire...
Il faut rire,
Rire et toujours rire.

Qu'enfin de l'enfer au ciel,
Un chorus universel
Crie à tout ce qui respire :
Il faut rire...
Il faut rire,
Rire et toujours rire.

LES AMOURS DE GONESSE,

OU

V'LA C' QUE C'EST QUE L' SENTIMENT.

AIR : V'la c' que c'est qu' d'aller au bois.

A GONESSE, un jour dans ses lacs,
L'Amour prit Thérèse et Colas :
Colas n' pouvait voir sa Thérèse
Sans se pâmer d'aise,
Et la p'tite niaise
Trouvait son grand Colas charmant :
V'là c'que c'est que l'sentiment.

Ça leur coupa pendant un mois
L'appétit, l'sommeil et la voix ;
Quand ils s'voyaient, n'osant se dire
L'sujet de leur martyre,
Ils s'mettaient à rire,

Puis r'tournaient moudre le froment :
V'là c'que c'est que l'sentiment.

Mais comm' l'amour nous étouff'rait,
Si queuqu' jour il ne transpirait,
Colas d' sa belle un soir s'approche,
Lui lâche un' taloche ;
Thérés' lui décoche
Un grand soufflet... bien tendrement :
V'là c'que c'est que l'sentiment.

Après un aveu si flatteur,
On sent qu' la goutte est de rigueur.
Thérèse, dont l'œil d'amour pétille,
Accepte du drille
Roquill' sur roquille ;
Puis tout d' son long tomb' sans mouv'ment:
V'là c'que c'est que l'sentiment.

Les bras pendans, sur c' coup Colas
Reste droit comme un échalas ;
Mais quand on a bu plus d'un verre,
Qu' sa belle est à terre,
Et qu'on n'y voit guère,
On n' peut répondre du moment :
V'là c'que c'est que l'sentiment.

On s'aperçoit au bout d' queuqu' mois
Que l'corset n' va plus comme aut' fois,
Frère, oncle, tante, père et mère
　　Écument d' colère,
　　Et d' la téméraire
Veulent s' venger en l'assommant :
　V'là c'que c'est que l'sentiment.

Thérèse, enfin poussée à bout,
Et préférant Colas à tout,
Dit tout haut : Je m' moque d' mon père,
　　Je m' moque d' ma mère,
　　D' ma famille entière ;
J' n'aime et je n'aim'rai qu' mon amant ;
　V'là c'que c'est que l'sentiment.

A ces mots, on la met sous clé,
Et l' pauvre Colas désolé,
Pour adoucir un coup si traître,
　　La nuit, sans paraître,
　　S'en vient sous sa f'nêtre
Crier, jurer comme un All'mand...
　V'là c'que c'est que l'sentiment

Thérèse, aux cris d' l'infortuné,
Saut' par la f'nêtre et tomb' sur l' né ;

Son sang jaillit comme d'un' fontaine ;
Elle y pense à peine ;
Gn'y a pas d' né qui tienne ;
Quand il s'agit d'un enlèv'ment :
V'là c'que c'est que l'sentiment.

Vite, ils s'en vont chez m'sieur l' curé :
Colas lui dit tout effaré :
Mamselle et moi, v'nons côte à côte
Vous dir' qu' par ma faute,
Par ma très grand' faute
All' s'ra mère avant l' sacrement :
V'là c'que c'est que l'sentiment.

L' curé leur fait un beau sermon
Au sujet d' l'œuvre du démon.
Tout çà, dit Thérèse, est d' l'eau claire ;
Dans l'instant, mon père,
Il s'agit de faire
Notr' mariage ou notr' enterr'ment...
V'là c'que c'est que l'sentiment.

L' curé dit qu'il n' peut les unir,
Si leurs parens n' vienn' les bénir.
L' bouillant Colas, qu' ce r'fus poignarde,
Du suiss' prend l'hal'barde ;
On crie : à la garde !...

Thérése accouche d' saisiss'ment,
V'là c'que c'est que l'sentiment.

Chez m'sieur l' maire on a bientôt m'né
Colas, Thérèse et l' nouveau-né.
Thérés' lui cont' sa peine amère,
Lui dit, vous êtes maire;
N'ach'vez pas un' mère
Qu'a fait ce qu' l'on fait en aimant.
V'là c'que c'est que l'sentiment

A c'te voix, l' cœur du maire s' fend,
Il dit : Faut un père à c't enfant...
Puisqu' vous avez fait la sottise,
Qu' voulez-vous que j' dise?
Dimanche, à l'église,
Vous s'rez mariés conjugal'ment;
V'là c'que c'est que l'sentiment.

De plaisir tous deux à ces mots
Se mettent à pleurer comm' des veaux;
Et moi-même qui vous l' raconte,
Je l' dis à ma honte,
Je m' sens pour mon compte
Prêt à pleurer d'attendriss'ment.
V'là c'que c'est que l'sentiment.

ENCORE UN' CHANSON A FAIRE.

VAUDEVILLE.

AIR : Encore un cart'ron, Claudine.

Je voudrais bien me taire,
Je le dis sans façon;
Mais je suis tributaire,
Et vous dois ma rançon :
Encore un' chanson
A faire,
Encore un' chanson!

Est-il, j'en désespère,
Après Panard, Piron,
Et maint autre confrère
Dont vous savez le nom,
Encore un' chanson
A faire,
Encore un' chanson!

Mais quel rayon m'éclaire?
Je vois un avorton
Oser juger Molière
Sans duvet au menton!
  Encore un' chanson
    A faire,
  Encore un' chanson!

Et ce sexagénaire,
Antique papillon,
Qui, quatre fois grand-père,
Se donne pour garçon!
  Encore un' chanson
    A faire,
  Encore un' chanson!

Et ce folliculaire
Qui croit, petit Fréron,
Pouvoir tuer Voltaire
Avec un feuilleton!
  Encore un' chanson
    A faire,
  Encore un' chanson!

Et l'écrivain sévère
Ne rêvant que prison,

Éclair, spectre, tonnerre,
Poignard, flamme, poison!
Encore un' chanson
A faire,
Encore un' chanson!

Et l'auteur éphémère
Qui, le jour du frisson,
Achète son parterre
Pour mieux avoir raison!
Encore un' chanson
A faire,
Encore un' chanson!

Et ce visionnaire
Qui, coulant tout à fond,
Brûle une flotte entière,
Et chez lui se morfond!
Encore un' chanson
A faire,
Encore un' chanson!

Et l'époux débonnaire
Qui cède son tendron
Pour que son ordinaire,
A l'avenir, soit bon!

Encore un' chanson
A faire,
Encore un' chanson !

Grâce au dieu de Cythère,
Aux docteurs, aux Gascons,
Au fat, au plagiaire,
Dans cent ans nous aurons
Encore des chansons
A faire,
Encore des chansons !

Que la faux meurtrière
Me mène chez Caron,
Je veux, armé d'un verre,
Avoir sur l'Achéron
Encore un' chanson
A faire,
Encore un' chanson.

FIN DU PREMIER VOLUME.

www.ingramcontent.com/pod-product-compliance
Ingram Content Group UK Ltd.
Pitfield, Milton Keynes, MK11 3LW, UK
UKHW031835260826
14628UKWH00001B/410

9 782329 357980